# EM NOME do AMOR

# LOURDES MARCONATO
## MARIA CECÍLIA (ESPÍRITO)

# EM NOME *do* AMOR

CorreioFraterno

© 2016 Lourdes Marconato

Editora Espírita Correio Fraterno
Av. Humberto de Alencar Castelo Branco, 2955
CEP 09851-000 – São Bernardo do Campo – SP
Telefone: 11 4109-2939
correiofraterno@correiofraterno.com.br
www.correiofraterno.com.br

Vinculada ao  www.laremmanuel.org.br

1ª edição – Março de 2016
Do 1º ao 3.000º exemplar

A reprodução parcial ou total desta obra, por qualquer meio, somente será permitida com a autorização por escrito da editora.
(Lei nº 9.610 de 19.02.1998)

Impresso no Brasil
*Presita en Brazilo – Printed in Brazil*

COORDENAÇÃO EDITORIAL
Cristian Fernandes

PREPARAÇÃO DE TEXTO
Eliana Haddad e Izabel Vitusso

CAPA E PROJETO GRÁFICO DE MIOLO
André Stenico

CATALOGAÇÃO ELABORADA NA EDITORA

Maria Cecília (espírito)
    Em nome do amor / Maria Cecília (espírito); psicografia de Lourdes Marconato. – São Bernardo do Campo, SP : Correio Fraterno, 2016.
    256 p.

    ISBN 978-85-98563-90-9

1. Romance mediúnico. 2. Espiritismo. 3. Literatura brasileira.
I. Marconato, Lourdes. II. Título.

CDD 133.93

*Ama sempre. Faze todo bem.
Começa estimando os que não te
compreendem, convicto de que esses mais
depressa te farão o melhor.*

Emmanuel, psicografia de Chico Xavier
*Pão nosso* (FEB Editora)

# Sumário

O ciúme incontido ................................................. 11

O reencontro ........................................................ 19

Pedido oficial ....................................................... 35

Um plano comprometedor ................................... 45

Prova de amor ..................................................... 55

Os preparativos do casamento ............................ 69

O atentado ........................................................... 75

Laços de família .................................................. 83

A insistência de Magali ....................................... 93

A difícil prova .................................................... 103

Luto na casa grande .......................................... 109

Influências espirituais ....................................... 117

Aprendendo e superando ................................... 125

A realidade de cada um ..................................... 139

Nas teias da obsessão ........................................ 153

Aprendendo a amar ........................................... 159

Apoio aos que se ama...............................169
Resgate nas trevas ...............................179
Boas perspectivas ...............................197
O passado de Anadeli ...............................205
Experiências reencarnatórias ...............................213
Histórias de superação ...............................219
O retorno ao plano terrestre...............................247
Mensagem de Maria Cecília...............................251

*Eu, Maria Cecília, conto para vocês a minha história!...
Foi em nome do amor que muito aprendi com tudo o que vi e vivi.*

# 1

## O ciúme incontido

ERA TARDE DE primavera. Bela jovem encontra-se sentada no banco do jardim, apreciando o que de mais expressivo a natureza tem a lhe ofertar:

— As flores são tão singelas. Tudo aqui é lindo! Como Deus se expressa de maneira tão sublime através de sua criação!

— O que foi maninha, falando sozinha?

— Não me canso de observar toda esta maravilha divina.

— Você e esse seu romantismo. Você é muito estranha. Juro que eu não a entendo.

— Deixe-me, Magali, você sempre criticando meu jeito de ser!

Não tardou um barulho veio dispersar as irmãs, que logo viram o barão se aproximando.

– O que fazem minhas filhas queridas a esta hora nos jardins?

– É a Ameli, papai, que não se cansa de falar com as plantas!

– Já estou indo. Estava aqui só pensando um pouco.

– Então, entrem, que logo será servido o jantar.

– Está bem, papai! E você, não perde a mania de me criticar!

– Ameli, é que você é muito estranha.

– Cada um é como é. Não podemos ser todos iguais.

– Vamos entrar, papai está nos esperando.

– Vá você, que logo irei.

– Você é quem sabe – entrou resmungando.

– Deixe sua irmã em paz, Magali – orienta o barão. – Prepare-se para o jantar.

"Esta louca me paga! Papai sempre briga comigo por causa dela; mas ela não perde por esperar."

Ameli permaneceu um pouco mais de tempo admirando o céu, que no horizonte deixava escapar os últimos raios de sol.

– Tudo isso é um paraíso! Amanhã estarei aqui com vocês, minhas lindas flores – despediu-se.

Entrou tão distraída, que nem notou sua mãe na sala.

– Que susto, mamãe!

– Você vive sempre longe, parece que sonha acordada.

– Ninguém me entende mesmo! Eu é que sou a estranha!?

Subiu pensativa.

Balançando a cabeça, dona Josefina busca no íntimo

explicações e consolo: "Por que esta menina é assim? Às vezes eu temo, achando que ela sofra de alguma doença".

Todos reunidos já em seus lugares à mesa e o barão Antunes, como sempre, tem o que dizer à família antes de começar a refeição.

– Ouçam-me. Eu devo viajar a negócios amanhã e ficarei fora cerca de duas semanas. Como sempre, a baronesa cuidará de tudo em minha ausência. Peço a vocês que se comportem. Magali, Ameli, sem brigas.

– Sim, papai, fique tranquilo, que de minha parte está tudo bem.

– E você, Magali, irá colaborar para que todos fiquem em paz?

– É só ela não me aborrecer.

– Eu não faço nada para você!

Magali deixou sua expressão costumeira de descaso no ar. Em seguida o jantar foi seguido, indo todos, ao término, para a sala de música.

Ameli sentou-se ao piano e deixou seus dedos correrem sobre o teclado, envolvendo a todos em belas canções. Os pais ouviam embevecidos, e a irmã, com inveja, levantando-se apressada, deu asas aos ciúmes: "Tudo ela, a queridinha do papai!"

Ameli era uma moça frágil. Nos primeiros dias de vida já apresentara necessidade de cuidados especiais. Sua palidez denunciava sua fragilidade, embora sua meiguice e beleza dessem a ela ares de boneca de porcelana.

Magali era o oposto. Forte, rebelde, sem delicadeza ou qualquer meiguice, transbordava mau humor. O ciúme que sentia da irmã a revoltava e trazia-lhe pensamentos de vingança.

Terminada a música, Ameli foi para o seu quarto, onde comumente dava vazão aos seus pensamentos e buscava ajuda para entender melhor e tentar solucionar a situação com a irmã:

"Eu nunca fiz nada para prejudicá-la, pelo contrário! Meu Deus, ajude-a, Senhor, para que ela possa melhorar esse gênio."

Pela manhã, Magali já se encontrava nos jardins da casa. Agitada, os pensamentos que lhe vinham eram de revolta e de destruição. Pela maldade e dureza do seu coração, Magali atraía forças negativas que lhe faziam sentir-se mais forte, alimentando sua sede de vingança. Assim passou horas, envolvida em seus pensamentos, não notando que alguém a observava. Levantou-se, virando-se para sair e deu de encontro com uma pessoa estranha em pleno jardim.

– Desculpe-me, senhorita, não queria assustá-la.

– Não quis, mas me assustou. Quem é você? Como entrou aqui?

O homem, gaguejando, respondeu:

– Eu, eu queria falar...

– Falar o quê? Responda.

– Eu estou precisando de trabalho. Queria falar com o barão, para me arrumar um emprego.

– Perdeu seu tempo. Meu pai acabou de sair e vai demorar.

– Eu vou-me embora e volto depois.

– Como quiser.

Perdida em suas divagações negativas, Magali não percebeu que aquele estranho ainda a observava com um olhar suspeito.

"É muito bonita esta dona. Preciso morar nestas terras. Ah! Eu voltarei, pode esperar!"

O homem saiu pensando em como faria para retornar àquela casa sempre tão vigiada. Conseguira entrar, naquele dia, por um descuido dos serviçais. Talvez não tivesse mais aquela sorte.

"Voltarei, até conseguir alguma coisa."

Saiu apressado para não ser visto.

Ao entrar em casa, Magali foi logo repreendendo:

— Mamãe, a senhora precisa escolher melhor os serviçais que fazem a segurança da casa e da família. Sabe que eu estava no jardim e apareceu um estranho mal-encarado, que entrou provavelmente sem ser visto?

— E o que ele queria?

— Falar com o papai. Estava procurando emprego.

— Como? Vou ver isso agora mesmo. — E assim fez, mandando chamar os responsáveis.

— Sinto muito, sinhá, não vimos nenhum estranho, mas tomaremos as providências; partiremos à sua procura.

— Quero que fiquem atentos. Não podemos correr riscos com a entrada de estranhos. Espero que isso não se repita.

— Sim, senhora, tomaremos todo o cuidado.

Quanto mais o tempo passava, mais Ameli sentia que uma tristeza apertava o seu coração. Recorria às preces, colocando-se, em seu quarto, em contato com as vibrações superiores. No fundo, sentia que precisava ter forças:

"Pai, dá-me paciência para entender melhor as pessoas que estão em meu caminho, para saber ouvir sem me exaltar. Forças para ajudar as que precisam de mim, sem sofrer. E luz, para seguir sempre iluminada e caminhar sempre ao Seu lado."

Durante a oração, estava tão concentrada, que não percebeu a presença de sua irmã.

– Que cena incrível, minha irmã virou santa!

– Que susto, Maga. O que você quer?

– Eu só queria saber o que você fazia, trancada neste quarto.

– Por favor, não me perturbe, eu não quero brigar.

– Como você é estranha, Ameli, tudo a incomoda. Até parece que não faz parte desta família. – E sem esperar resposta, Magali saiu às gargalhadas.

Ameli sentiu seu coração se confranger e, ressentida, deixou as lágrimas correrem pelo rosto. "Por que ela me odeia tanto?"

Pensativa, ali reclusa, nem percebeu o tempo passar. De sobressalto, ouviu a mãe chamar para o almoço, que já estava à mesa.

– Venha logo, você sabe como é sua irmã. É melhor evitar confusão.

Chegando à sala, sentou-se do outro lado da mesa, em frente à Magali. Ia servir-se, quando ouviu:

– O que você tem, mana? Está pálida, parece mal.

Um tanto sem graça, Ameli respondeu:

– Eu não tenho nada, é impressão sua. Estou bem.

– Deixe sua irmã, Magali. Mas que implicância!

– Eu só quero ajudar, mãe, acho que ela precisa é de um médico, e urgente!

Ameli abaixou a cabeça e intimamente pedia forças, diante de mais um triste contratempo com a irmã.

"Como eu queria saber o que a Maga tem contra mim", refletia.

Repreendida pela mãe, Magali partiu para a defesa, como sempre fazia:

– O que foi que eu fiz? Essa menina só sabe chorar, só para ser paparicada. A santinha! Estou cansada de ser culpada por tudo. – Intensamente agitada, começou a gritar e a jogar o que via ao seu alcance, irritando a mãe.

– Vamos parar com isso! Chega! Eu exijo respeito à mesa!

Vendo que era o motivo daquela discórdia e mal-estar em plena refeição, Ameli comeu pouco e resolveu sair o quanto antes da mesa.

– Com licença.

– Espere, filha, vamos à sala de música; toque uma canção.

– Desculpe-me, mamãe, não estou bem.

Magali estava furiosa. "Tudo eu, sou sempre culpada por tudo. Ela me paga!"

As horas se passaram. Bem que a baronesa tentou conversar com Magali, mas ela não quis ouvir. Saiu a reclamar.

"Por que, meu Deus, esta menina é tão diferente da outra, de mim e do meu marido? Como eu gostaria de saber o por quê. A educação, os costumes, tudo o que sempre fizemos foi tudo igual para as duas!"

Cada vez mais, Ameli sentia-se uma intrusa naquela casa. Pensativa, adormeceu, vindo a despertar já na hora do jantar. Mal se arrumava para descer e ouviu alguém à porta do quarto, que já abrindo e encarando a irmã bem olhos nos olhos, disse:

– Quero falar com você.

– O que você quer, Magali? Espero que seja rápido. Mamãe está nos esperando para o jantar.

– Ela que espere. Tenho que lhe dizer... Estou cansada de você, dos seus mimos. Você só veio para esta casa para me fazer sofrer.

– Não diga isso, Magali. Porque não tenho nada contra você.

– Espere, eu não terminei. Eu não aguento viver perto de você!

Ressentida, Ameli só chorava. Um sentimento muito ruim apertava o seu coração.

– E tem mais, se descer com essa cara de choro, vai se ver comigo. Eu volto, me aguarde.

Saiu batendo a porta, com muito ódio.

"Meu Deus, Maga não está bem. Fica cada vez pior!"

Tentando pôr um fim no mal-estar, Ameli lavou o rosto e aguardou um tempo para descer.

Satisfeita, Magali dava-se por vencida. Sentia dominar a irmã. "Isso é só o começo, maninha".

# 2
## O reencontro

Os DIAS SE passaram celeremente e o barão já retornava ao convívio da família. Cumprimentando filhas e esposa, iniciou a conversa:
— Como foram os dias nesta casa em minha ausência?
— Tudo bem, senhor meu marido.
— E nossas filhas, como se comportaram?
— Como sempre, Magali implicando com a irmã.
— Isso tem que acabar, Josefina.
— Eu sei e vai acabar, tenho falado muito com ela.
— Josefina, estive em contato com alguns conhecidos conversando sobre negócios. Penso que a melhor forma de finalizarmos algumas conversas será recebendo-os em nossa casa. Também já é hora de nossas filhas conhecerem pessoas importantes. Quem sabe os filhos desses amigos fazendeiros não sejam bons pretendentes?
— Tenho medo, senhor meu marido, elas estão tão bem assim, para que pretendentes, agora?
— É preciso, mulher. Quero vê-las bem casadas e não

vou sossegar; não quero deixá-las sem um bom marido.

– O senhor é quem sabe.

– Está resolvido. Neste fim de semana abriremos nossa casa para uma grande festa. Convidarei diversos fazendeiros e alguns amigos da corte.

– Que bom, meu pai. Faz tempo que não vemos gente diferente! Quero ficar bem bonita – adiantou-se Magali.

– Você já é, filha. Seja assim. Não precisa de mais nada.

– Não, papai, eu quero ser a moça mais bonita da festa.

– E você, Ameli, não diz nada, filha?

– Do jeito que o senhor fizer para mim está bom. Não ligo para essas coisas.

– Minha irmã é uma boba, a gata borralheira.

– Não fale assim com sua irmã. Essa história entre vocês precisa acabar.

– Mas eu não disse nada que não fosse verdade.

– De uma vez por todas, Magali, deixe sua irmã em paz!

Assim vivia Ameli, um tanto distante dos assuntos corriqueiros da família. Seu interesse se voltava mais para a beleza da vida, a natureza exuberante, o perfume das flores! Não fosse a dificuldade com a irmã e estaria sempre de bem com a vida. Seu contato com o Criador eclodia de seu coração, reconhecendo sua grandeza em cada manifestação da natureza: pássaros, flores, estrelas. A leveza de seu espírito transparecia em suas feições, dando-lhe ares angelicais.

A semana passou rapidamente e o grande dia da festividade chegou.

Tudo preparado para a festa, Magali se arrumara com esmero com todo o cuidado para não passar despercebida pelos convidados. Morena clara, descera em seu vestido verde e dourado, e os cabelos castanhos presos com arranjos dourados. Já o oposto, Ameli trazia os cabelos loiros e cacheados e vestimenta sem muito luxo, de cor azul e tiara de flores.

Chegara a hora de receber os convidados: coronéis, barões, comendadores e seus filhos recém-chegados da corte.

Magali estava radiante, tocada por sua determinação de conquistar o melhor e mais belo candidato a pretendente naquela noite.

No salão abarrotado de convidados, dentre eles muitos jovens, ela fez ares de princesa e deslizou os degraus da escadaria, enquanto chamava, como queria, a atenção dos convivas.

– E sua irmã, Magali? – perguntou o pai.

– Está descendo, papai – respondeu sem dar-lhe muita atenção.

Como o tempo se esvaía sem que Ameli surgisse na escadaria, o barão subiu para buscá-la, encontrando-a, como sempre, sonhando acordada.

Encontrando-a já arrumada, embevecido admirou:

– Como você está linda, filha, parece um anjo!

– O senhor me deixa sem jeito, meu pai.

– É verdade, filha, você encantará a todos os jovens da festa.

– Não me preocupo com isso. Gostaria mesmo é de ficar sozinha.

– Não, querida, vamos descer. Está perdendo tempo.

Oferecendo o braço para a filha, o barão desceu as escadarias, detendo-se pouco antes de chegar ao grande salão:

– Senhores, desejo-lhes apresentar minha filha, Ameli, um tesouro que tenho. Aliás, tenho dois tesouros. Magali já lhes foi apresentada.

Ao verem a beleza e candura de Ameli, os convidados pararam, como se estivessem diante de uma visão.

Observando a reação dos presentes, Magali tomou-se de raiva. Definitivamente, não mais permitiria que Ameli fosse cortejada. Mil pensamentos povoavam-lhe a mente. Estava revoltada!

"Tenho que acabar com essa festa, quem ela pensa que é? Eu acabo com a alegria dela e vai ser já."

Saiu de onde estava, dirigindo-se à escada e disse:

– Papai, o senhor esqueceu-se de dizer que minha irmã, coitada, é doente. Veem como ela é frágil?

Disfarçando pelo inesperado, o barão tenta consertar:

–Magali, o que você está fazendo? Desculpem, senhores, minha filha está brincando.

Mas os rapazes nem deram atenção às palavras da jovem Magali, deslumbrados que estavam ainda com a beleza de Ameli.

Ao iniciarem-se as danças, outra torrente de raiva invade Magali, vendo a irmã disputadíssima entre os presentes.

Ameli como sempre distante, não notara que alguém lhe falava.

– Em que tanto pensa, senhorita?

– Oh! Desculpe-me, estava distraída.

– Percebi. Posso saber em que pensava?

– Desculpe-me, mas não sei explicar.

– Ah! Não me apresentei. Muito prazer em conhecê-la; meu nome é Antoni.

– Eu sou Ameli e o prazer é todo meu.

– Eu não sabia que aqui conheceria uma jovem tão bela.

– Assim o senhor me deixa encabulada.

– Nada de senhor, chame-me de Toni.

– Está certo, desculpe-me.

– Como a senhorita é tímida! Não fica bem para uma moça assim tão encantadora.

– Eu sou assim, não sei ser diferente.

A conversa foi interrompida por Magali, que chegou transtornando:

– Desculpem-me se estou interrompendo, mas é que minha irmã não pode ficar muito tempo sozinha, ela tem muito medo.

– Mas ela não está só, senhorita, está comigo. Não se preocupe.

– Eu sei, mas ela costuma passar mal e ...

– O que você está falando, Maga? – interrompeu Ameli.

– Calma, maninha, eu sei que você não gosta que os outros fiquem sabendo do seu problema.

Ameli ficou sem palavras, diante da ação tão inesperada da irmã. Sem falar nada, saiu correndo em direção ao jardim.

– Por que fez isso com sua irmã?

– Eu não fiz nada; só falei a verdade.

– Com licença, senhorita.

– Espere, eu quero falar com você!

– Desculpe-me!

Magali irritou-se ao ver que não conseguira chamar a atenção do jovem. Dentro de si, apenas uma certeza se firmava: "Eu vou conquistá-lo. Espere e verá."

Antoni saiu à procura de Ameli e encontrou-a no jardim, cabisbaixa e entristecida.

– Com licença, minha jovem.

– Por favor, deixe-me sozinha.

– Não. Não foi justo o que sua irmã fez, mas não dê importância, ela só quer atenção.

– Desculpe. Ela é assim. Faz tudo para me humilhar.

– Não ligue para isso. Estes olhos lindos não deveriam chorar.

Antoni enxugou as lágrimas da moça, deixando-a corar-se.

– Não fique assim, Ameli. Você é muito linda e não deve estragar o brilho dos seus olhos.

– Desculpe-me, eu não devia ser assim. Mas não se preocupe comigo, com licença. – Ameli saiu e sentou-se num banco do jardim, deixando o rapaz a sós. Tentando se abstrair de mais um desagradável episódio com a irmã, permaneceu ali, a olhar o luar, sendo observada pelo rapaz.

No salão, os casais dançavam. Felizes, as moças rodopiavam, enquanto muitas eram cortejadas.

Ansiosa, Magali olhava para todos os cantos, procurando localizar a irmã. Foi quando, ao virar-se, deu de encontro com um jovem que se deslocava para o meio do salão. Todo sorridente, o bonito rapaz rapidamente se manifestou:

– O que procura, senhorita?

– Ah, desculpe-me, eu não vi o senhor passando e...

– Não me chame de senhor, não sou tão velho assim – e sorrindo continuou: – Chame-me de Albert.

– Muito prazer, sou Magali.

– Posso ajudá-la?

– Obrigada, é que não sei onde está minha irmã.

Oferecendo o braço para a jovem, falou:

– Vamos procurá-la lá fora.

Nem bem saíram até a varanda e encontraram Antoni recostado em uma das muretas.

– Mano, o que faz aí solitário?

– Nada, não, estava aqui só pensando. Com licença!

– É seu irmão? Vocês são tão diferentes!

– Somos sim. Somos diferentes não só na aparência. Toni é sempre muito certinho.

– É mesmo? Que coincidência. Eu e minha irmã também somos assim, muito diferentes.

– Então nos daremos bem.

Não muito longe, Ameli permanecia no banco ainda contemplativa. Pensava no rapaz que há pouco a deixara encantada.

"Ele é tão bonito, educado e carinhoso. É difícil encontrar pessoas assim."

Nem percebeu que fora vista pela irmã.

– Ameli, o que você está fazendo aí sozinha? Não pode pegar friagem.

– Você não vai começar de novo.

– Calma, querida, eu só quero ajudá-la.

– Obrigada, não preciso de ajuda. Estou muito bem.

– Quero que conheça Albert, ele é irmão do Antoni.

– Muito prazer.

– Igualmente, senhorita.

– Com licença, preciso falar com meu pai.

Ameli saiu apressada, antes que a irmã começasse com outra cena indesejável.

– Filha, gostando da festa? O que foi, Ameli? Parece nervosa!

– Não é nada, meu pai, é que vim depressa.

– Venha, quero apresentá-la a um amigo, o barão Sandoval.

– Encantado, senhorita.

– Como está, senhor?

– Suas filhas são verdadeiras joias.

– Obrigado, amigo.

– Estou falando a verdade, você é um privilegiado, com todo o respeito.

Eles continuaram conversando com Ameli, sorridente ao lado pai, mas logo os seus olhos apagaram seu brilho, ao ver que sua irmã se aproximava.

– Com licença, papai.

– Sandoval, esta é minha filha Magali.

– Não disse? Você tem sorte! Duas belas filhas! E este é meu filho Albert.

– Muito prazer, meu jovem.

– Como está, senhor? Com licença, que amigos estão me chamando.

– Fique à vontade.

Tudo corria bem. Outra dança tinha início e Albert estendeu sua mão a Magali, levando-a para dançar.

– Sua irmã é muito bonita – comentou ele.

Magali emudeceu, ficou séria e visivelmente chateada. "Por que todos ficam falando dela? Odeio Ameli!"

– O que foi, Magali? Por acaso acha ruim?

– Não se preocupe. Não é nada.

– Não fique nervosa. Você fica mais bela alegre, sorrindo.

– Você é engraçado!

– Não, eu sou realista.

Terminada a dança, os dois ficaram conversando. Mas Albert, sentindo algo diferente no comportamento de Magali, perguntou:

– Aconteceu alguma coisa?

– Nada. Deixa pra lá.

– Não, eu quero saber.

– É minha irmã. Está sempre no meu caminho.

– Não acredito que está com ciúme!

– Não, não é ciúme. É que mesmo em casa ela é a queridinha do papai.

– É mesmo? Então temos algo em comum.

– Como assim?

– Pois na minha casa é meu irmão que sempre se sai bem. Ele é o melhor, o coitadinho, o certinho, o bonitão.

Os dois riram e ele acrescentou:

– Então vamos dar as mãos.

– Isso não vai ficar assim. Ela precisa de uma lição!

– Se quiser a minha ajuda, conte comigo.

– Quer mesmo me ajudar?

– Com certeza, é só dizer. Diga o que eu tenho que fazer.

– Fique de olho no seu irmão e eu cuido dela.

– Por quê? Posso saber?

Ela ficou calada por instantes, depois respondeu:

– Você vai ou não vai me ajudar?

– Já falei que é só dizer.

– E se eu disser que meu plano é fazer com que Ameli se apaixone por você?

– Isso é fácil, mas por quê? Posso saber, senhorita?

– Se quer mesmo ajudar, tem que ser sem perguntas.

Quando for o momento, direi. Certo?

Assim, o jovem Albert saiu à procura de Ameli e logo a encontrou:

– Tudo bem, senhorita?

– Tudo bem – respondeu ela meio desconfiada.

– Preciso lhe dizer que fiquei impressionado com sua beleza.

Muito sem graça, Ameli responde:

– Desculpe-me, agradeço seu galanteio, mas gostaria de ficar sozinha.

– Estou sendo inconveniente? Por favor, me desculpe.

Sem responder, Ameli saiu, deixando o rapaz com seus argumentos ensaiados.

Contrariado, Albert recebeu meio atravessada a desaprovação de Ameli. "Quem ela pensa que é para me rejeitar? Ah, mas ela vai é se arrepender!"

Antoni observava o irmão e ficou enciumado, ao ver que ele tentava galantear a jovem de cabelos dourados que acabara de conhecer e que por ela já sentia uma forte atração. "Ameli parece um anjo, é tão bela! Preciso conversar com ela", refletia.

Vendo seu irmão conversando com a moça, saiu a contragosto de onde estava, indo em direção ao lado oposto do jardim. Pensativo, concluía que precisava se apressar. Foi quando viu a jovem que o fascinara vindo em sua direção. Seu coração disparou. Suava frio quando ouviu delicada voz:

– Está aí pensativo, longe de todos...

– Ah, desculpe-me, estava distraído.

– Percebi. Está preocupado com alguma coisa?

– Sim, com meu irmão.

– O que houve com ele?

– Com ele nada, mas eu vi quando a abordou. Ele a aborreceu?

– Não. Disse a ele que eu gostaria de ficar sozinha. Mas, por que está preocupado?

Sem responder, Antoni ficou olhando a luz do luar a refletir no rosto de Ameli, fazendo com que seus olhos azuis brilhassem como duas estrelas. Fechou os olhos e deixou seus lábios tocarem nos de Ameli, num grande momento mágico. Aquele beijo como que abrira a torrente de sentimentos entre os dois, como duas pessoas que muito se amam e há muito tempo.

Ameli, olhando para Antoni, sentiu que o seu coração correspondia àquele sentimento. Sem graça, tentou fugir, mas ele a segurou:

– Desculpe-me, mas o que senti por você desde o momento em que a vi foi muito forte e não consegui me conter. Perdoe-me.

Sorridente, ela colocou sua mão nos lábios do rapaz e disse:

– Não diga mais nada, eu também senti o mesmo.

– Verdade? Eu posso acreditar que você sente por mim o mesmo que sinto por você?

– Eu não devia... Você não pode perder o seu tempo comigo.

– Por que você está falando assim?

Com os olhos marejados, Ameli, responde ao seu amado:

– Porque sou diferente das outras moças.

– Realmente, você é mais bela e meiga que qualquer outra que eu já conheci.

– Não, Antoni. Eu não sei lhe dizer. Vejo a vida de outra forma.

– Como? Não deu para perceber ainda.

– Eu, eu... gosto mais das coisas que normalmente os outros não gostam. Não dou muita importância ao que todo mundo quer.

– Conte-me direitinho isso. Vamos, sente-se!

– Não, Antoni, outro dia conversamos. Minha irmã deve estar me procurando e se ela nos vir juntos, não me deixará em paz.

– Você não tem que se preocupar com sua irmã. Deixe para lá. Vou falar com seu pai ainda hoje; pedirei permissão para...

– Não, por favor, não faça isso – interrompeu Ameli.

– Por que tanta preocupação com sua irmã? Aconteceu alguma coisa?

– Nada, não se preocupe.

– Como não?! Você parece estar com medo. Confie em mim e conte-me o que está acontecendo.

Duas lágrimas caíram dos olhos da bela Ameli.

– Fiz alguma coisa? Desculpe. Você está me deixando assustado!

– Não foi você. Preciso ir, meu pai deve estar à minha procura.

– Não vai me contar?

– Não, hoje não.

– Então se alegre, ou eu posso pensar que não gosta de mim.

Sorrindo, ela respondeu:

– Eu gosto muito.

Feliz, o rapaz ofereceu o braço à moça.

— Vamos, meu amor.

— Eu não posso sair de braço dado com você. O que vão pensar?

Nem perceberam que Magali, do outro lado do salão, já os observava e de imediato veio furiosa em direção à irmã:

— Papai está à sua procura. Você não pode ficar por aí. E se passar mal?

— Ela não está sozinha, senhorita, eu cuidarei dela. E é melhor que se acostume, porque de hoje em diante, estarei sempre com ela, para protegê-la.

Os olhos de Magali faiscavam de raiva: "Esta sonsa já deve ter fisgado o coitado. Mas isso não vai ficar assim".

— O que foi, senhorita? Não gostou do que lhe disse?

— Não se preocupe comigo. Vamos, Ameli.

— Vamos todos — disse o rapaz, oferecendo o outro braço à Magali.

"Ele será meu, eu juro, maninha. Farei tudo para conquistá-lo".

Chegaram juntos, aproximando-se do barão, que conversava com o barão Sandoval, quando Antoni, sem pensar, falou:

— Senhor, peço-lhe permissão para cortejar sua filha, Ameli.

— Filho, o que é isso? — Interrompeu o barão Sandoval, meio sem graça. — Você nem me falou de suas intenções.

— Não deu tempo, meu pai. Desculpe-me, senhor barão, acho que fui precipitado.

— Não se preocupe, meu jovem, você me fez lembrar quando conheci a baronesa; eu fiz exatamente o mesmo, não dei tempo para que outros se aproximassem dela.

Todos riram, mas Ameli, pega de surpresa, sentia-se meio fora do ar.

– O que foi, minha filha, não vai aceitar o pedido do rapaz?

– Não é isso, papai, é que eu não estava esperando.

– Pois é, quem diria que minha filha mais nova, tímida como é, arrumaria um pretendente antes da irmã.

– Desculpe-me, papai, eu não pretendia...

– Não se preocupe, eu faço muito gosto. Estou feliz por você e por poder dizer que seremos uma só família.

– Eu também, Antunes. Faço muito bom gosto de tê-los em minha família. Acredite, minha jovem, sempre quis ter uma filha.

– Obrigada, senhor, fico grata.

– Com licença, acho que estou sobrando aqui, nesta família feliz – interrompeu Magali, que já não suportava ouvir tudo aquilo.

– O que é isso, Magali? Você também nos faz feliz.

– Obrigada, papai, com licença. – Saiu apressada.

– Por favor, não reparem. Sabem como são as filhas mais velhas; não gostam de ficar para trás.

Todos riram, enquanto Magali se afastava revoltada. Encontrando Albert pelo caminho, intempestiva falou:

– Você viu o que fez?

– Do que está falando?

– Do seu irmão e de Ameli.

– O que têm os dois?

– Ele acaba de pedir permissão a meu pai para cortejá-la.

– Não acredito. Ele conseguiu?

– Pois é. Você não fez nada.

– O que você queria que eu fizesse? Calma, eu sei a hora de agir.

– Como? Agora é tarde; já aconteceu.

– Não acredito que você também está gostando do meu irmão!

– Não, eu não estou gostando dele. Só não quero que a louca da minha irmã fique com ele, entendeu?

– Então, por que não combinamos: eu peço a sua mão e fica tudo certo.

– Não, nem pense nisso!

– Por quê? Não sou tão mal assim.

– Não, Albert, você é ótimo, mas agora não. Vê se me entende.

– Vou tentar entender.

– Vou falar com minha mãe. Tentarei convencê-la de que Ameli não tem saúde para namorar ninguém.

O rapaz, balançando a cabeça, concluía: "Essa menina é louca! Não sei até que ponto vale a pena dar tréguas às suas loucuras".

A baronesa conversava com a esposa do barão Sandoval, quando Magali já chegou trovoando:

– Mamãe, preciso lhe falar.

– O que aconteceu, agora, Magali?

– A senhora sabe que a Ameli e o Antoni, filho do barão Sandoval, estão namorando?

– O que você está dizendo, filha?

– É verdade. Ele acabou de pedir permissão ao papai para namorá-la.

– Que bom, querida. Fico contente por sua irmã e você também deveria ficar.

– Está falando sério, senhorita Magali? Meu filho Antoni pediu a mão de sua irmã em namoro?

— Foi sim, senhora.

— Fico feliz. Sua irmã é muito bonita e meu filho merece uma moça como ela. Afinal ele é um ótimo rapaz.

Aquelas palavras foram como punhaladas para Magali, que a deixaram mais furiosa e enceguecida, com desejos de vingança. Saiu apressada em direção ao barão, que permanecia em conversa em uma roda de conhecidos.

— Papai, vou me recolher aos meus aposentos.

— Mas a festa não acabou. O que dirão os meus amigos?

— Eu sei, papai, mas estou indisposta. Prefiro ficar só.

Magali saiu apressada, pensando no que fazer. O que não podia era ficar parada, vendo a irmã se realizar sem que o mesmo não acontecesse com ela.

Agitada, Magali deitou-se, mas não conseguiu conciliar o sono. Pensava no que fazer para afastar Antoni da irmã. Já era tarde quando adormeceu e nem viu quando Ameli também se recolhera aos seus aposentos.

# 3

## Pedido oficial

CARREGANDO SEU COSTUMEIRO mau humor, Magali desceu as escadas para o café, encontrando seus pais já à mesa.

– Suas bênçãos, papai e mamãe.

– Deus a abençoe – responderam os dois, complementando a mãe: – Dormiu bem?

– Muito mal.

– Mas aconteceu alguma coisa?

– Aconteceu. Sua queridinha só apronta.

– Do que está falando? – perguntou o pai.

– Ela me envergonha, papai. Mal conhece o filho do barão e já sai por aí namorando.

– Está com ciúme, Magali?

– Não senhor, eu não tenho ciúme. Só acho que ela não deve ficar se oferecendo para os rapazes.

– Magali! Não admito que fale desse jeito de sua irmã. Ela não lhe dá motivos para agir assim.

– Não posso falar nada, ela é a 'santa'; vocês só a defendem.

– Já lhe falei, vou repetir: deixe sua irmã em paz!

– Com licença, perdi a fome.

– Termine o seu café e nem pense em sair dessa mesa.

Com muita raiva, ela permaneceu sentada, quando Ameli, feliz, chegou cumprimentando a todos.

– Bom dia. Desculpe a demora; dormi demais.

– Não se preocupe, tome o seu café.

– Se fosse eu, não seria assim. Já teriam brigado.

– Você hoje está impossível, Magali. Como pode uma moça de família, que tem tudo para ser feliz, viver reclamando?

– O que vale tudo que tenho, se sou desprezada pelos meus pais?

– Não diga isso, Magali. Papai nunca fez diferença entre nós duas.

– Faça-me o favor de não falar comigo.

– O que você tem, Maga? Eu não fiz nada.

– Você fez tudo, porque nasceu, minha irmã.

Ameli baixou a cabeça e, sentida, dava vazão a lágrimas, enquanto seu pai ordenava à outra:

– Suba já para o seu quarto e só saia de lá quando eu lhe der permissão.

– Eu odeio todos vocês. Nem sei por que nasci nesta família.

– Já chega!

Magali saiu resmungando. O ódio que sentia fazia se ligar a vibrações profundamente negativas.

– Deixe-a, papai, Maga não sabe o que quer, está sempre revoltada.

– Você ainda a defende, filha? Qualquer dia eu ainda a mando para um colégio interno; assim saberá valorizar o que tem.

– Não, papai, coitada. Como ficar longe da família?

– Que família, filha? Você não ouviu o que ela disse, ela nos odeia; não nos considera. Nada está bom para ela.

– Quem sabe com o tempo ela muda. Eu queria muito entender o que se passa com ela. Papai, vou tentar falar com ela.

– É melhor deixá-la só. Ela não aceitará falar com você.

– Vou tentar.

– Você é quem sabe, não vá se aborrecer.

Ameli saiu, deu uma volta pelo jardim e subiu para falar com a irmã.

Ao entrar no quarto, encontrou-a deitada, escrevendo.

– O que você quer aqui? Me deixe em paz.

– Só quero falar com você.

– Eu não tenho nada para falar e muito menos para ouvir.

– Por que tanto ódio, Maga?

– Você ainda pergunta? Você só atrapalha a minha vida, com esse jeito sonso cativa a todos, quer tudo para você.

– Você sabe que não é verdade. Do que está falando?

– Do Antoni. Você o tomou de mim.

– Como assim tomei? Que eu saiba, vocês não se conheciam. Você foi apresentada a ele no jardim, quando estávamos conversando.

– É, mas eu já o tinha visto antes e gostei dele. Você é esperta, finge que é doente, só para ser mimada.

– Maga, não fale assim. Eu não tenho nada contra você e gostaria que você também tirasse esse ressentimento do seu coração!

– Eu? Era só o que me faltava. Saia daqui. Saia, saia. Deixe-me só. Vá, vá.

Magali empurrou a irmã e fechou a porta. Ameli percebeu que não seria tão fácil demovê-la daqueles sentimentos que nem bem ela sabia onde e por que teriam começado. Em seu quarto, deu vazão ao turbilhão que lhe vinha no coração. Estava sentida com as palavras da irmã.

Sentindo falta de revigorar suas energias, em contato com a natureza, que sempre lhe retribuía com energias balsâmicas, Ameli sai para dar uma volta nos jardins, onde os animais, as flores, o ar puro lhe fazem tão bem. Era em momentos como aquele que comumente lembrava-se de orar ao Criador. Sentada no banco, próximo aos pés de camélias perfumadas, ela se concentra:

"Pai, dá-me forças para suportar as provações da vida, e tranquilidade para continuar a minha caminhada. Não me deixe sucumbir; perdoe minhas falhas e dê-me oportunidade de me preparar melhor para entender os que estão no meu caminho. Obrigada."

Pela relva molhada, caminhava agora pelo campo sem perceber que alguém a observava. Assustou-se, ao perceber movimento próximo a ela.

– Quem está aí? É você, Antoni? Responda!

Com medo, ouviu uma voz.

– Bom dia, sinhazinha.

– Que susto. Quem é você?

– Desculpe, não queria assustá-la. Estou aqui a mando do meu senhor.

– E quem é o seu senhor?

– O sinhozinho Antoni.

– Então fale, o que ele quer?

– Ele mandou isto para a senhorita – disse, entregando-lhe um bilhete, que ela leu imediatamente:

"Minha querida, mal posso esperar para encontrá-la! Iremos hoje à noite a sua casa. Meu pai fará o pedido oficial para o senhor barão, seguindo os nossos costumes de família. Até mais tarde. Saudades deste que te ama. Antoni."

Ameli agradeceu ao mensageiro e foi falar com sua mãe.

– Mamãe, Antoni mandou avisar que virão à noite fazer o pedido oficial ao papai.

– É mesmo, filha? Tão depressa, assim? Vocês nem se conhecem direito.

– Eu sei, mamãe, mas eu gostei dele assim que o vi. Eu sabia que ele viria.

– Como assim, querida?

– Eu já o tinha visto nos meus sonhos!

– Não me diga!

– Como é bom sonhar com o amor, antes mesmo de ele acontecer!

– Mamãe, mas sinto que não vamos ser felizes nesta vida.

Percebendo o olhar tristonho de Ameli, sem saber o que falar, a baronesa tenta desfazer o mal-estar:

– Não fique assim. Você merece ser feliz, e será, com certeza.

– Espero, mãezinha.

Ameli saiu triste, pensativa, deixando a mãe apreensiva também. Porém os preparativos para o almoço e para o jantar logo mais à noite fizeram-na esquecer os pressentimentos da filha.

Estava na sala, enfeitando os vasos com os serviçais, quando Magali entrou.

– O que está fazendo, mamãe, teremos outra festa?

– O senhor barão Sandoval virá esta noite fazer o pedido oficial ao seu pai para seu filho noivar a sua irmã.

– Não acredito, ela conseguiu. Mas isso não ficará assim; ela não perde por esperar.

– Do que está falando, Magali?

– Nada, mãe. Esqueça. Estou pensando alto. Com sua licença.

– Vá, mas volte logo. Mandarei servir o almoço.

Magali saiu, pensando no que fazer para impedir aquela união. Dentro de si a revolta cada vez mais encontrava espaço. "Se aquele sem graça do seu irmão fosse mais esperto, me ajudaria a impedir esse casamento. Mas vou conseguir, com ele ou sem ele. Antoni vai ser meu; eu juro."

Com muito ódio, Magali dá asas aos planos cada vez mais maldosos.

"Falarei mais uma vez com Albert. Quem sabe ele tem alguma ideia e resolve me ajudar."

E assim fez. Esperou a noite chegar, vestiu-se com esmero para chamar a atenção. Chegada a hora, os convidados adentraram a sala de jantar, todos aguardando a chegada de Ameli. Magali fazia de tudo para ser notada quando todos olharam em direção à escada.

Ameli estava encantadora, vestida de rosa. Parecia uma princesa. Seus olhos brilhavam como dois cristais, fazendo com que todos se admirassem da verdadeira luz que ela por inteiro emanava. Foi Albert quem quebrou os minutos de silêncio:

– Mano, você é privilegiado. Ela é uma deusa. Ensina-me a conquistar um anjo desses.

– Albert, o que é isso? Eu sou mesmo feliz e ela é mesmo muito bela, eu sei. Mas conquiste a sua preferida com simpatia e amor.

– Hum, como ele é perfeito!

– Albert, controle-se.

Ao lado deles, Magali estava com os olhos faiscando de ódio. Ouvindo toda a conversa dos irmãos, pensou:

"É por pouco tempo esta beleza. Ela há de sentir a minha ira."

Mal-humorada, Magali sequer considerava os convidados. Nada mais lhe interessava naquela festa. Enquanto isso, Ameli fazia sucesso com o barão:

– Estou feliz por meu Toni ter escolhido tão bela moça para desposar.

– Obrigada; fico muito grata por suas palavras.

– Estou aqui para oficializar o noivado e, se o senhor Antunes permitir, também o casamento, já que meu filho em tão feliz escolha deseja desposá-la – e dirigindo-se ao barão falou:

– Então, senhor Antunes, aqui estamos para pedir permissão para meu filho oficializar seu compromisso com sua filha Ameli e, se for do consenso, marcaremos a data do casamento esta noite.

– E, então, filha, o que nos diz?

– O senhor é quem sabe, meu pai. O que decidir, eu aceito.

– Por mim, faço bom gosto e espero que seja o mais breve possível.

– Eu também aceito e fico feliz – emendou Ameli, sorrindo.

– Então, vamos jantar para comemorar. Sejam felizes, meus filhos.

– Obrigada, papai.

– Obrigado, senhor Antunes, será um prazer fazer parte de sua família.

– Posso abraçá-la? Afinal, ela será minha filha também.

– Fique à vontade, Sandoval.

– E você, Magali, não vai abraçar sua irmã?

– Vou sim pai, estou muito contente por ela.

– Não parece.

Magali aproximou-se da irmã e abraçou-a dizendo em seu ouvido:

– Parabéns, mana, seja feliz enquanto pode. Só não sei por quanto tempo.

O semblante de Ameli imediatamente se fechou e um calafrio inexplicável foi sentido por ela.

– Peço a atenção de todos, pois aqui trago um mimo para minha futura esposa. E espero que goste.

Retirando do bolso do paletó uma delicada caixinha, radiante, Antoni retirou um lindo anel, que colocou no dedo da amada.

Ameli estava emocionada e feliz. Seu coração batia forte.

– Você é linda e merece isso e muito mais.

– Eu adorei, Antoni. É muito lindo!

– Fico feliz por ter gostado. Mas vejo algo triste nesse olhar.

– Não foi nada. Senti uma coisa estranha. Medo de perdê-lo.

– Esqueça, minha querida. Hoje é dia de alegria. Não quero vê-la triste.

Os dois permaneceram juntos conversando até mais tarde. Quando os convidados se retiraram, Ameli foi para o seu quarto, feliz pelo noivado, mas ainda se sentindo meio estranha, com a sensação que tivera horas atrás.

Enquanto isso, Magali, em seu quarto, pensava em como acabar com sua irmã.

"Tenho que fazer alguma coisa e tem que ser logo."

Sua mente doentia arquitetava planos para destruir os noivos. Dormiu um sono agitado e levantou-se pela manhã, refletindo em seu semblante a pesada carga de interferência espiritual que carregava.

# 4
## Um plano comprometedor

— O QUE você tem, Magali?
— Nada, mãe. Estou bem.
— Não parece, está com o olhar estranho. Não sei o que acontece com você que de uma hora para outra se transforma...
— Me deixe, mãe.
— É a senhora que me faz assim.
— Você é ingrata, nunca reconhece o que fazemos. Nada está bom para você.

Ameli, que até o momento ouvia tudo calada, não se conteve:

— Maga! Não acredito que você esteja dizendo isso para a mamãe.
— Você é a causadora de tudo, bonequinha do papai.

Ameli levantou-se da mesa sem dizer nada e se retirou para o seu verdadeiro refúgio, o jardim. Em contato com a relva molhada, buscava se acalmar. Também os frutos dos pomares que perfumavam o ambiente e atraíam os passarinhos tinham o poder de tranquilizá-la pelo menos um pouco.

"Meu Deus, a natureza nos presenteia com tudo isso. Só minha irmã não vê."

– Você viu o que fez? Sua irmã saiu da mesa sem comer.

– Problema dela.

– Chega, Magali! Não consigo entender por que tanto ódio – disse o pai já exaltado.

– Eu sei que sou um problema nesta casa – disse, saindo apressadamente, com muito ódio no coração:

"Tenho que fazer alguma coisa e rápido, antes que seja tarde. Preciso arranjar alguém para me ajudar."

Lembrou-se de Estela, uma camareira ambiciosa que faria qualquer coisa para ganhar umas moedas.

Magali esperou que seu pai saísse e foi até a cozinha.

– Onde está Estela, Catarina?

– Não sei, sinhazinha. Deve de tá arrumando os quarto.

– Está bem, vou procurá-la.

– O que será que a sinhazinha Magali qué com essa menina? Num tô gostando disso. A cara dela era de coisa ruim.

– É mesmo, Catarina. Eu, às vez, tenho medo dela. Parece que dos seus olhos sai fogo. Eu, hein?

– É, Dulce, ela é mesmo diferente da sinhazinha Ameli. Aquela sim é uma santa.

– Eu acho que a sinhazinha Magali tá preparando alguma coisa contra a irmã.

– Será? Então vamo ficá de olho.

Magali saiu pelos corredores, encontrando a camareira no quarto de sua mãe.

– Estava procurando por você. Preciso que me ajude.

– O que a sinhazinha *qué com eu?*

– Você tem que prometer que ninguém vai saber o que vou lhe falar.

– Pode *confiá,* sinhazinha, eu não abro a minha boca.

– Nem pode. Se falar, eu digo que foi você.

– A sinhazinha *tá* me assustando.

– Preste atenção. Vá arrumar umas ervas daquelas bem bravas. Você sabe do que estou falando.

– Credo, sinhazinha, *pra* que isso?

– Arrume primeiro. Eu pago bem. Depois direi para quê. Boca fechada, se falar, corto-lhe a língua, entendeu?

A moça, trêmula, respondeu:

– Entendi sim, senhora, pode *deixá* comigo.

Estela chegou à cozinha e as amigas estavam curiosas. Dulce foi logo perguntando:

– O que a sinhazinha Magali queria *cum* você?

– Nada. Não se meta na minha vida.

– Vê lá se *num vai fazê* coisa errada – interveio Catarina.

– Eu tenho medo dela e acho que você também devia *de tê.*

– Deixa de *sê* boba, Dulce. Além do mais, nem sei do que *ceis* tão falando.

– Toma cuidado, menina, a sinhazinha Magali não parece boa da cabeça. Não vai se *envolvê* com *as maldade* dela. Espero que não faça nada de ruim.

– Agora chega de me *atormentá.*

– Você viu, Dulce, como ela *tá* assustada? Alguma coisa essas duas *tão* tramando.

Alguns dias se passaram e tudo permanecia na calmaria: Ameli sempre procurando o contato com a natureza e seu noivo indo frequentemente visitá-la.

Magali de repente já não reclamava tanto da irmã, o que todos começavam a estranhar, até que certa manhã Estela foi procurá-la.

– Aqui *tá* o que me pediu, sinhazinha.

– Ótimo. Fez bem o serviço. A vingança tarda, mas não falha.

Estela sentiu um calafrio. "Credo, o que será que ela vai *fazê*? Deus me livre. A Catarina tinha razão: ela é doida."

– Aqui está o que lhe prometi – falou entregando-lhe um saco de moedas.

– *Brigado*, sinhazinha.

– Ainda vou precisar de você. Se falar, já sabe.

– Pode *dizê*, o que eu tenho de *fazê*?

– Hoje, no almoço, vou dar um jeito de pedir que sirva um chá para Ameli. Você vai misturar as ervas antes de servir.

– *Num* pode, sinhazinha, essas *erva mata*.

– Vai fraquejar agora?

– Não senhora.

– Então vá, prepare uma poção e guarde. Todas as vezes que eu mandar levar chá para ela, você coloca um pouco dela.

– Não, sinhazinha, *num* posso *fazê* isso. A sinhazinha Ameli *num* merece.

– Estou mandando. Se não fizer, eu falo pra mamãe que você roubou as moedas.

– Não, sinhazinha, eu *num* roubei nada.

– Mas você é mesmo muito boba! Claro que não roubou!

Tremendo, a moça obedeceu.

– Ótimo, não se arrependerá.

Na hora do almoço, Ameli sentou-se à mesa, feliz.

– Tudo bem, filha?

– Estou ótima, mamãe, obrigada. E você, Magali, está bem?

– Não lhe interessa. Será que não entende que não quero conversar com você?

– Eu pensei que você tivesse mudado.

– Mudar, eu? Quem tem que mudar é você.

– Já falei, Magali, chega de atormentar sua irmã.

– Então, diga a ela para não me dirigir a palavra.

Ameli achou melhor se retirar; não aguentava mais aquelas discussões com a irmã:

– Com licença, eu vou para o meu quarto, estou com dor de cabeça.

– Mas, minha filha, você não vai comer? Quer que eu peça para Catarina te levar alguma coisa?

– Não, mamãe, obrigada, já vai passar. Depois eu como alguma coisa. Não se preocupe.

– Você atrapalhou tudo, Magali. Será que não pode se comportar uma vez, à mesa?

– Estou cansada dessa sonsa.

– Chega! Eu exijo respeito e não admito que se fale assim nesta casa. Peço que saia agora desta mesa! – ordenou a mãe, sem saber mais como lidar com Magali.

Foi num impulso que Magali se levantou, com ar de 'eu consegui'.

Magali ficou um pouco em seu quarto para logo sair. Fingindo-se arrependida, foi bater à porta do quarto da irmã.

– Entre, é você, Maga? O que quer agora?

– Eu vim pedir desculpas. Estou sendo egoísta.

– Eu não acredito em você.

– Podemos mudar, não podemos?

– Você está falando sério?

– Estou sim, estava pensando. Você não merece o que tenho lhe feito.

Se alguém tivesse o dom de enxergar o que se encontrava oculto naquele momento, veria quantos espíritos estavam ao lado da moça, instigando-lhe desunião, destilando ódio e desejo de vingança.

– É verdade que pensa assim?

– Você vai ver.

– Obrigada, Maga. Você não sabe como isso me deixa feliz.

"Boba. Espere e verá."

– Vou buscar um chá para você. Assim você se acalma.

– Não precisa, já estou bem.

– Faço questão. Volto já.

Saiu apressada e encontrou Estela no corredor.

– E aí? Fez o que mandei?

– O chá *tá* aqui, *mais* a sinhazinha põe a poção, que eu tenho medo.

– Pare de tremer ou ela vai notar o que está fazendo. Vou colocar bem pouquinho, para ser tudo devagar. Ela tem que sofrer e não quero que desconfie.

Poucos minutos depois, Magali volta com Estela.

– Aqui está o seu chá.

– Obrigada, Maga, responde a irmã, sinceramente acreditando na boa vontade de Magali.

Ameli tomou o chá, achando qualquer coisa de estranho no sabor. Magali saiu com a bandeja e, chegando à cozinha, foi tratando logo de lavar a xícara para esconder qualquer vestígio de sua ação tão infeliz. Retornou a seguir para o seu quarto.

Alguns minutos depois, Ameli começou a sentir fortes dores no abdômen, começando também a transpirar. Tentou chamar alguém, mas não conseguiu. Sua mãe descansava quando sentiu algo estranho, como a lhe inspirar a ideia para que fosse ver a filha.

– Saiu apressada, e ao entrar no quarto, percebeu que Ameli não estava bem.

– Ameli, o que foi?

– Estou com falta de ar e muita dor.

– Você está suando muito! Vou chamar o médico.

Rapidamente a postos, doutor Anselmo chegou e foi conduzido até o quarto da menina, examinando-a em seguida.

– Não encontro nada que justifique esse mal-estar.

– O que foi, mamãe? – pergunta Magali, chegando como quem não soubesse de nada.

– Sua irmã passou mal.

– Eu sempre disse que ela não estava bem. Ameli é muito frágil.

– Não, Maga. Ela estava muito bem. Há tempos não fica doente.

Desesperada, a baronesa não sabia o que fazer. Mandou que um mensageiro buscasse Antoni, que logo chegou aflito.

– O que foi, querida? Não quero vê-la sofrer.

– Não sei o que tenho. Sinto-me fraca.

– Procure descansar que logo ficará boa.

– Se Deus quiser!

Ameli passou o dia na cama. No jantar, ela ainda não conseguia se levantar.

– Coitada, o que será que ela tem? – falou Magali com falsidade.

– Estou estranhando a sua mudança; aí tem coisa.

– A senhora não queria que fizéssemos as pazes? Pois, então; não quero mais brigar.

– Meu Deus, é difícil acreditar.

– Será por pouco tempo.

– O que você disse, Maga?

– Nada. Estava só pensando alto.

Na cozinha, os serviçais comentavam:

– O que será que aconteceu com a sinhazinha?

– *Num* sei. Hum! Não sei, não. Espero que não tenha sido você, Estela.

– Eu? *Tá* doida? Por que eu?

– *Num* sei, você sabe?

– *Num* me olha assim, *num* tenho nada com isso – falou Estela, nervosa, retirando-se antes que fizessem mais perguntas.

– Você viu, Catarina, como ela ficou nervosa?

– É muito estranho. Deus nos livre!

Envolvida na triste determinação de prejudicar a irmã, Magali estava radiante, vendo que seus planos estavam dando certo.

No dia seguinte, Ameli ainda estava fraca e seu almoço foi servido no quarto. Novamente, Magali e Estela trataram de colocar outra dose de ervas, agora no suco.

Uma vez mais, Ameli começou a passar mal, sentindo muita fraqueza, tossindo bastante e sentindo mal-estar no estômago.

Certa noite, Antoni encontrou-a muito mal. Magali

percebeu o visível abalo do rapaz. Pensou: "Chegou o momento de agir."

Aproximando-se, lhe disse:

– Não fique assim, Antoni. Eu lhe avisei que Ameli era doente, frágil, e que não suportaria fortes emoções.

– Não pode ser, ela estava tão bem! Até parece que alguém deseja nos ver separados. Mas não vão conseguir, pois que sem ela prefiro morrer.

Magali assustou-se.

– Não pense assim. Você ainda poderá encontrar outra pessoa e refazer sua vida.

– Nunca. Minha vida sem Ameli não tem razão de ser.

"Só me faltava essa, depois de tanto esforço, esse sonso ainda não me querer. Ah, mas ora se vai querer! Ele não sabe do que sou capaz. Eu amanso a fera", pensou afastando-se do rapaz.

Não demorou muito e Albert, que acompanhava o irmão na visita, aproximou de Magali, dizendo:

– Como está, Magali? Faz tempo que não nos vemos.

– Olá, Albert. Pois é. Você sumiu. Prometeu me ajudar e desapareceu.

– Por quê? Não vai dizer que tem sua mão em tudo isso?

– Cale a boca, Albert. Quer que ouçam?

– E não tem seu dedinho? Você não me engana.

– Chega. Não dá para conversar com você.

– Fale, estou ouvindo.

– Não posso falar nada. Não confio em você.

– Pare com isso, menina. Pelo que me lembro, não somos muito diferentes. O que você fez para tirar sua irmã do caminho?

Rindo, Maga fez ar de suspense:

– Depois te conto. Ainda é cedo.

– Você é louca! Veja lá, não se envolva em coisa séria ou irá se comprometer.

– Você acha que sou boba de deixar evidências? Sei como fazer as coisas.

Albert se surpreendia cada vez mais com a frieza que Magali demonstrava a cada encontro.

Deixando-se levar pelas influências espirituais negativas, acatava, sem pensar nas consequências, as ideias que lhe inspiravam.

# 5
## Prova de amor

AMELI, CADA DIA mais fraca, não conseguia se alimentar direito. Mal sabia ela que na comida estava o motivo de seu enfraquecimento. Entre os serviçais, Catarina comenta com Dulce:

– *Num* sei não, *mais* algo me diz que tem gente ruim fazendo mal para a *patroínha*.

– Por que você pensa isso?

– A sinhazinha *tava* bem. Foi só *conhecê* o sinhozinho que logo ficou doente. Nunca mais foi ao bosque e ao jardim de que tanto gosta. Até parece mandinga. Dá uma pena dela!

– É mesmo. Será que tem gente má assim, capaz de *prejudicá* uma pessoa boa como ela?

– *Oia* que tem. A gente *num* consegue *vê* o coração, mas Deus sabe, Dulce. Dele ninguém foge.

– É mesmo, Catarina. *Vamo rezá* por ela?

Concentradas, as duas pediam a Deus forças para a menina, enviando-lhe vibrações de muita paz. As duas, cuidando dos afazeres domésticos, não percebiam que Estela estava ajudando Magali em sua maldade.

Antoni, ao lado da noiva, segurava suas mãos e permanecia calado.

– Não fique triste, meu querido, vou melhorar.

– Eu sei, mas está demorando muito.

– Tenha paciência e fé, que Deus nos ajudará.

– Você aí doente, e ainda me consola. Como você é forte!

– Temos que ser. Deus não desampara ninguém. Se sofro, com certeza tenho o que aprender.

– Não sei do que está falando, querida.

– Das coisas que deixamos para trás e que mais cedo ou mais tarde nos batem à porta.

– Como assim?

– Antoni, eu acredito que nascemos inúmeras vezes. E nas diversas vidas, erramos, voltamos, refazemos e aprendemos, até nos ajustarmos com a Grande Lei.

Magali, ao entrar, ouvia tudo.

– O que foi, maninha, está perdendo a razão, falando coisas sem sentido?

– Você sabe que não, Magali. Tudo que fazemos tem consequências.

– Do que você está falando?

– Você sabe. Plantamos hoje e colhemos depois. Eu só espero que você tenha forças para enfrentar a sua consciência, se ajustar diante de tudo o que sente de ruim pelos outros.

"Ela sabe de tudo? Mas como, se fiz tudo escondido?"

– De Deus nada se esconde, Maga. E a sua lei, que é perfeita, está escrita em nossa consciência.

Magali saiu correndo para seu quarto, com o coração disparado, encontrando sua mãe no corredor.

– O que foi, Maga? Você está nervosa. Aconteceu alguma coisa com sua irmã?

– Não é nada. É que ela está falando coisas estranhas.

A baronesa chegou apressada ao ouvir o teor do que Ameli falava.

– O que aconteceu, Antoni?

– Não sei, senhora. Ela está assim há tempo, falando coisas que não entendo.

– Você deve entender, querido. Não pode guardar ódio no seu coração. É preciso perdoar sempre.

– Filha, fale comigo, por que está falando assim?

– Estou bem, mamãe.

– Meu Deus, esta menina não está bem.

– A senhora não sabe, mamãe, mas Magali e eu somos antigas conhecidas. Há tantos ajustes entre nós ainda para acontecer, mas só Deus sabe se ainda dará tempo.

– Meu Deus, acho que ela está delirando.

– Mamãe, por favor, chame a Maga.

– Pra quê, filha?

– Eu preciso falar com ela, antes que seja tarde.

A baronesa saiu apressada pelos corredores, chamando pela filha.

– Magali, venha depressa, sua irmã quer falar com você.

– Não, mãe, eu não quero.

– Mas, por quê?

– Tenho medo. Ela está estranha. A senhora ouviu o que ela está falando?

– Ela não está bem, filha, é só isso. Venha, eu ficarei ao seu lado.

– Não quero.

– O que foi? Por que não quer que eu fique junto com você?

– Não é nada. Nem sei o que estou dizendo.

– Então vamos.

A baronesa entrou no quarto trazendo Magali pela mão. Ameli olhava fixamente para o alto, como se estivesse vendo alguém.

– Não falei, mãe, que ela estava estranha? Vamos sair.

– Não, Maga, estava esperando por você.

"E agora? Esta louca vai ficar me acusando na frente deles!", pensou Magali aflita.

– Sente-se aqui, perto de mim.

Magali obedeceu. Ameli pegou em sua mão e disse:

– Não sei por que você me odeia tanto. Nunca lhe fiz nada de mal. Você não devia ter feito o que fez só para tirá-lo de mim.

– Eu não fiz nada, não sei do que está falando.

Antoni estava assustado. Não entendia absolutamente nada e tentava pôr fim naquele diálogo sem sentido.

– Querida, você não sabe o que está dizendo. Deixe isso para depois. Está muito fraca. Não quer dormir um pouco?

– Não, Toni. Preciso falar enquanto há tempo. Se eu partir, não posso levar isso comigo.

E continuou:

– Você, Maga, tem tudo para ser feliz. É bonita, tem formação. Não precisa prejudicar ninguém só por prazer. Lembre-se de que, mais cedo ou mais tarde, sua consciência irá lhe acusar sobre seus atos.

– Chega! Não quero ouvir mais nada.

– Vai me ouvir, porque o que tenho para falar é sério. Nós viemos nesta família para nos unirmos. Mas infelizmente você se deixou levar novamente por seus caprichos. Falta tão pouco para nos ajustarmos! Se eu errei no passado, tenho muita vontade de ficar de bem com a vida, com você! Mas não sinto isso de você...

Magali tremia, chorava, queria sair correndo, mas suas pernas não obedeciam. Ficou ali, parada, ouvindo, sem saber o que dizer.

"Como ela descobriu? Tomei todo o cuidado. Deve ter sido aquela inútil da Estela. Ela me prometeu que não falaria nada."

Antoni também pensava: "Mas, afinal, o que será que a Magali fez?"

Sua expressão no rosto revelava o que lhe ia na alma. Apertou em suas mãos a mão da amada.

– Não quero que sofra, Toni. Prometa-me que seguirá sua vida sem sofrimentos – pede Ameli.

– Não diga mais nada, meu amor! Não me faça sofrer mais.

– Quero que saiba que te amo muito e que sempre te amarei. Onde eu estiver, você estará no meu coração – continua ela.

– Não fale mais nada, por favor, Ameli.

– É preciso confiar na Lei Maior, Toni, e não sofrer. Deus está no comando e sempre há alguma razão para o que nos acontece.

– Ameli, mas tem coisas que eu não aceito!

– Ouça com atenção o que vou lhe dizer: Ao virmos para a Terra aceitamos o gênero de nossas provas, sabemos o roteiro geral da nossa reencarnação. Precisamos ter forças para não sucumbir diante das provas, porque o aprendizado é importante e será sempre para o nosso bem.

Magali saiu do quarto chorando e andava de um lado para o outro, fazendo com que sua mãe lhe perguntasse:

– O que está acontecendo, Magali? Por que está tão aflita?

A moça não respondia, só apertava as mãos.

"Por que será que a irmã a acusa? Fala de coisas tão estranhas! Se abrisse o jogo e dissesse tudo diretamente talvez fosse mais fácil", pensava.

Neste pensamento, ouviram-se passos na escada. O barão acabara de chegar de viagem.

– Como está, Josefina?

– Eu estou bem, mas Ameli, não. Estou muito preocupada! Eu estava à sua espera. Ainda bem que chegou. Nossa filha está muito doente.

– Não pode ser, quando saí deixei-a bem. Estava um pouco abatida, mas não achei que fosse tão sério.

– Sim, mas ela foi piorando a cada dia e ficando cada vez mais fraca. Tentei localizá-lo.

O barão correu ao quarto da filha. Ao entrar, encontrou Antoni ao eu lado, bastante abatido.

– Bom dia, meu jovem.

– Bom dia, senhor, como está?

– Bem. E minha filha, como está?

O rapaz nada respondeu.

Segurando as mãos de Ameli, o barão lhe perguntou:

– O que foi que aconteceu com minha filha querida?

– Papai, o senhor voltou, que bom! Estava com medo de não vê-lo mais.

– Que é isso, minha filha? Ainda vamos ficar juntos por muito tempo.

– Não, papai, sinto que está chegando a minha hora. Mas não fique triste! Deus sabe o que faz.

Pálidos e sem entender o que Ameli falava, os dois homens permaneciam assustados. Olhando para eles, Ameli sentiu duas lágrimas caírem de seus olhos.

"Meu Deus, me dê forças para suportar o que sei que vem pela frente! Eu queria tanto me casar com Antoni, ter filhos!"

Sinalizando para o barão que gostaria de conversar, Antoni aponta para a porta.

– Filha, sua mãe já vem para ficar com você! – disse o pai, saindo juntamente com o rapaz.

– Fale, meu rapaz.

– Sei que achará estranho o que vou pedir, mas preciso fazer isso. Sinto que será bom para Ameli. Quero me casar com sua filha, se possível ainda hoje.

– Como? Ela não está em condições de se casar.

– Ela está fraca, mas consegue, sim. Tenho certeza de que ficará muito feliz.

– Falaremos com ela. Se ela aceitar, farei sua vontade.

Ameli ainda estava sozinha quando os dois adentraram o quarto.

– Querida, tenho uma surpresa para você. Quero me casar com você!

Os olhos de Ameli brilharam.

– Como, Toni? Não tenho sequer saúde para ficar em pé.

– Você será minha esposa. Aceite, por favor. Eu quero muito.

— Mas... vou partir...

— Não diga mais nada. Aceite, eu preciso fazer isso, por favor.

— Você sabe que este é o meu maior sonho! Mas...

— Então diga que sim.

— Agradecerei a Deus por ter me dado esta oportunidade de tê-lo ao meu lado, como meu marido, mesmo que seja por pouco tempo.

A comovente cena não emocionava apenas o jovem casal. Sensibilizava também a mim, Maria Cecília. Do mundo espiritual, eu e Roberta acompanhávamos há tempos esse reencontro, assistindo-os de perto na trajetória terrena.

Na casa de Ameli, o barão chamou a esposa para falar-lhe sobre o casamento da filha.

— Josefina, ajude a preparar uma festa. Precisamos ajudar nossa filha. Vamos fazer o casamento em dois dias. Precisamos dar a ela essa felicidade. Não podemos esperar mais. E tem que ser logo, antes que seja tarde.

A baronesa saiu, falando sozinha.

— Meu marido perdeu a razão. Uma festa assim tão rápido...

— O que foi, sinhá, *tá* preocupada? – perguntou Catarina.

— O barão Antunes acaba de me pedir para prepararmos uma festa de casamento para Ameli para daqui a dois dias.

— Minha Nossa Senhora! E eu que achei que a sinhazinha Magali fosse casar primeiro!

— É, sinhá, mas entregue para Deus. Ele sabe o que faz.

— Quem sabe você tem razão. Se for isso que a nossa menina deseja, se isso a fizer feliz, vamos fazer uma linda festa.

Depois da proposta de seu noivo, Ameli ficou radiante, com o coração parecendo bater mais forte. Sentia-se melhor.

"Eu vou conseguir. Meu Deus, obrigada. Mesmo que seja por um dia, serei feliz. Terei o Toni em meus braços, como meu esposo. Obrigada, Pai."

Magali não sabia de nada sobre o casamento. Irredutível, permanecia fechada, sem conversar com ninguém, saindo de seu quarto para o mínimo necessário. Quando se deu conta, a casa estava em intenso movimento, com empregados num corre-corre muito grande.

– Magali, não adianta você não aceitar. Não seja infantil. Ameli vai se casar e daqui a dois dias. A notícia lhe fez muito bem. Ela está feliz e se sentindo muito melhor – noticiou-lhe a mãe.

– Que absurdo, meu pai não podia ter feito isso comigo.

– Não entendi. O que disse, Magali?

– Nada, mamãe. Deixe-me em paz. A senhora me deixa nervosa.

– Não entendo essa menina, nunca está feliz.

Magali saiu nervosa, jogando tudo o que via pela frente ao chão.

"Ela não vai se casar. Não permitirei que ela seja feliz."

Apressada, saiu em direção à cozinha, pedindo um chá para Catarina.

– Para que esse chá, sinhazinha?

– Não lhe interessa.

Magali pegou a bandeja e saiu resmungando, indo em direção do quarto da irmã, encontrando-a sentada na cama.

– Como está, minha irmã?

– Bem, graças a Deus. E quero ficar melhor. Você já ficou sabendo?

– Sim, mamãe me falou. Por isso passei na cozinha e aproveitei para lhe trazer um chá.

– Hoje não, Maga. Antes do meu casamento não tomarei nada.

– Por quê? – fingiu que não sabia de nada.

– Você sabe por quê. Desta vez, só Deus me impedirá de ter o Toni em meus braços.

Desconsertada, Magali saiu nervosa e foi para a cozinha, deixando o chá em cima da mesa. Não demorou muito, Josefina adentrava a cozinha dando ordens à Catarina:

– Prepare-me um chá bem calmante, Catarina. Preciso me tranquilizar um pouco.

– A sinhá pode *tomá* esse que a sinhazinha Ameli não quis.

– Este não! – gritou Magali.

– Por quê, filha? Você me assustou.

– Não é nada. Este está frio. É melhor preparar outro.

– Pode *deixá*, eu esquento – disse Catarina.

Magali viu que não tinha jeito e, fingindo tropeçar, bateu propositadamente na xícara, derrubando todo o chá.

– *Cruz-credo*. Até parece que esse chá *tá* enfeitiçado.

– O que disse, Catarina?

– Nada, sinhá. Tava só pensando alto.

– Então prepare o chá e sirva-me na sala.

– Levo sim, sinhá.

"Meu Deus, será que o que estou pensando é verdade?"

Catarina fez o chá e o levou para Josefina, encontrando Estela ao retornar para a cozinha.

– É com você mesmo que eu quero falar.

– Eu, hein? Por que me olha desse jeito?

– O que você e a sinhazinha fizeram? Vamos, fala.

– *Num* sei do que você *tá* falando.

– Sabe, sim. Eu já *tava* desconfiada e hoje tive certeza.

– Não sei de nada. Me deixa.

– O que você ganhou *pra* fazer isso?

– Credo, você *tá* muito nervosa. *Num* tenho nada *pra dizê*.

– Então toma esse chá que a sinhazinha Magali preparou para Ameli. Beba!

Catarina pegou um pouco do chá que havia acabado de preparar para Josefina, fingindo ser o envenenado e forçou para que a moça tomasse. Pálida e trêmula, Estela não sabia o que fazer.

– Não, eu não posso. Você vai *fazê* isso comigo?

– Eu sabia que era você a causa da doença da minha menina. *Vô contá pra* sinhá.

– Não, por favor. Ela vai me *mandá* embora. Por favor, não.

– Saia daqui.

– Eu não tive culpa. Foi ela quem me obrigou.

– Ninguém obriga ninguém a ser mau. Você vai *pagá* caro por isso.

– Eu juro que não faço mais nada. Me ajuda, Catarina.

– Já disse, saia daqui. Agora é tarde.

Estela saiu chorando, deixando Catarina parada sem saber o que fazer:

"Eu tenho que ver a menina Ameli", pensou. Vou entregar na mão de Deus.

Saiu apressada e foi bater à porta do quarto.

— Com licença, sinhazinha.

— É você, Catarina! Que bom, estava mesmo precisando de você.

— Pode *falá*. O que a sinhazinha deseja?

— Agora não posso contar, mas vou pedir-lhe um favor. Traga-me alguma coisa para comer. — Mas tem que ser da sua mão. Não peça a ninguém. Não me pergunte o por quê.

— A *nega* aqui sabe, menina.

— Mesmo?

— *Nega* descobriu hoje. Eu prometo que até a água eu mesma venho *trazê*. Mas sinhazinha não vai fazer nada? Sabe que corre risco. Vai *deixá* as coisas assim?

— Catarina, não sei lhe explicar. Só sei que devo aguardar.

— Tome cuidado, menina. Quem tentou uma vez, pode *tentá* de novo.

— Vou me cuidar. Peça para a mamãe mandar alguém para ficar comigo. Pode ser a Estela.

— Ela não, sinhazinha. Ela é bicho mandado.

— Já entendi. Então mande alguém de sua confiança.

— *Vô* pedir *pra* sinhá conversar com a Maria. Esta sim é boa.

— Então vá. Apesar de tudo, estou muito feliz.

— Dá *pra vê* nos seus olhos.

Os dias passaram rapidamente. Ameli, melhor, já andava um pouco.

Eis que chegou o dia especial das bodas. O noivo, o irmão, os pais e muitos convidados chegavam com seus familiares.

Magali, em seu quarto, não desistia de pensar em

como dar cabo à alegria da irmã, que tanto a incomodava. Ao seu lado, vários espíritos não davam trégua. Em sinergia com as vibrações de Magali, se compraziam com o mau que praticavam. E continuavam a lhe inspirar negativamente. "Só se eu matá-la. Mas como, com a casa cheia de convidados? Já sei..."

Magali ficou observando atenta a família de Antoni enquanto conversavam na sala. Ao perceber que ele se retirava, dirigindo-se ao quarto da irmã, o seguiu.

Toni entrou no quarto de Ameli, logo perguntando:

– Como está minha noiva querida?

– Estou melhor. Acho que é a felicidade.

– É o amor que é mais forte que tudo.

Não demorou muito, Magali adentrou sem ao menos bater à porta, se intrometendo na conversa nos dois:

– Como estão os pombinhos prestes a se casar?

– Bem, graças a Deus. Para você ver, Maga, Deus é mais forte que tudo e nada nos impedirá de ficarmos juntos.

– Nem isto?

Atirando-se sobre Antoni, Magali tentava beijá-lo, numa tentativa de criar atrito no casal. Nervoso, Toni imediatamente empurrou-a para o lado.

– Chega, Maga! Não seja infantil. Você não vai conseguir destruir o nosso amor. Retire-se agora mesmo de meu quarto, por favor! – gritou Ameli.

Nervosa, Magali, feito criança caprichosa, saiu batendo a porta do quarto. Ameli olhou com carinho para o noivo dirigindo-lhe palavras doces.

– Você é o anjo bom que Deus me enviou.

— E você é a mulher mais linda do mundo e eu te amo.

Ficaram assim, alguns minutos juntos, até saírem para falar com os pais.

# 6
## Os preparativos do casamento

VÁRIAS CARRUAGENS CHEGAVAM, trazendo muitos convidados da corte e também fazendeiros.

No começo da noite, a baronesa dirigiu-se até o quarto da filha, para acompanhar os preparativos.

— Ameli, você está bem? Já está na hora de se preparar. Coloquei costureiras e serviçais à sua disposição. Quero vê-la muito linda, filha!

— Obrigada, mamãe, por tudo.

— Você merece toda a felicidade do mundo.

— É uma pena que nem todos pensem assim.

— Do que está falando, minha filha?

— Deixa para lá, o importante é que estou feliz.

— É assim que se fala.

A agitação era geral e os preparativos eram muitos. Na sala, os pais dos noivos conversavam:

— Como você decidiu tudo assim tão rápido, Antunes? Foram tão poucos dias!

— Foi o desejo dos nossos filhos. Ameli por vezes tem

algumas indisposições e achei que o casamento, acontecendo o quanto antes, poderia ajudá-la a se firmar em sua saúde.

— E como conseguiu aprontar tudo?

— Trabalhamos muito. E olha que preparar um casamento em três dias não é para qualquer um.

Riram e Antunes continuou:

— Confesso que fiquei muito feliz. Eles se amam, é bom que se casem logo.

— Também acho e faço gosto.

— É, mas vamos nos preparar que está chegando a hora.

No quarto de Ameli:

— Sinhazinha, aqui *tá* o seu vestido e o arranjo para o cabelo.

— Que lindo, Maria!

— A sinhazinha vai *ficá* muito bonita e o sinhozinho vai *morrê* de felicidade.

— Espere, Maria. Ajude-me com o vestido e não deixe ninguém entrar, principalmente minha irmã.

— Pode *deixá*, só vão *vê* a sinhazinha quando *tivé* pronta.

— É isso mesmo.

Bateram à porta.

— Quem é?

— Sou eu, Maria, Magali.

— *Desculpa*, mas não posso *abri*. Tenho ordens!

— Tudo está errado nesta casa. Todos estão contra mim.

— Falando sozinha, senhorita?

— Não me perturbe, Albert.

— O que foi? Seus planos não deram certo?

— Deixe-me. Saia da minha frente.

– Gosto de vê-la nervosa. Fica ainda mais bonita.

– Já disse para me deixar em paz.

Magali entrou em seu quarto batendo a porta, enquanto Albert falava para si mesmo:

"Nossa, como é brava! Mas eu ainda amansarei essa fera."

No quarto, Magali pensava:

"Este casamento não pode se realizar. Preciso achar um jeito de impedi-lo. E se..."

Saiu à procura de ajuda para o seu plano.

– Tudo bem, senhorita? Já passou a raiva? – exclama Albert.

– Preciso lhe falar, mas vamos dar uma volta, pois aqui não dá, há convidados por toda parte.

Dirigiram-se ao jardim.

– O que deseja de mim?

– Preciso acabar com esse casamento. Preciso que me ajude.

– Nem pense nisso. Acha que pode fazer alguma coisa sem ser descoberta?

– Se você me ajudar, tenho certeza de que sim.

– Não conte comigo. Não vou me expor. Acho melhor você parar com essas loucuras, meu irmão já está desconfiado.

– Não me importo com nada, e você, deu para ter medo agora? Você não disse que também deseja vingar-se do seu irmão?

– Mudei de ideia. Agora, tudo já está feito. Sua irmã não está bem. Creio que não durará muito. Aliás, gostaria de saber o que você fez para que a deixasse tão mal assim.

– Fale baixo, alguém pode ouvir.

– A esta hora, minha querida, todos estão preocupados com os preparativos. Não vão ficar nos espionando.

– Quer dizer que não vai me ajudar?

– Não pretendo.

– Cuidado, posso dizer ao seu irmão que foi ideia sua colocar a poção no chá da Ameli.

O rapaz pegou-a pelo braço, sacudindo-à:

– Você não é louca de fazer isso. Eu acabo com você.

– Sabe que sou.

– Eu te mato. Faz isso e verá do que sou capaz.

– Calma, não precisa ficar tão nervoso, afinal já sei que é um covarde.

– Nunca mais fale assim comigo e deixe-me em paz.

"Covarde. Eu sabia que não tinha coragem."

Entrou em casa apressada e muito nervosa. Vendo-a entrar daquele jeito, sua mãe foi lhe falar:

– O que foi dessa vez, Maga?

– Me deixa. Não quero falar com ninguém.

Entrou em seu quarto, fechou a porta e jogou-se na cama, chorando. Pensava em várias coisas.

"Ela não pode se casar antes de mim. Não permitirei!"

Magali estancou, de repente, o choro e falou consigo mesma: "O que é isso, Magali? Você é forte e precisa agir rápido".

Magali ficou ali algum tempo, mas acabou adormecendo, entrando em um sono profundo:

Eu ali presente no quarto podia acompanhar a cena que a fazia se debater em sonho; via-se, como homem, em meio a uma guerra, à frente do comando do exército.

Do outro lado, um soldado romano comandava a tropa inimiga. Depois de travarem batalha sangrenta, seu exército sofrera muitas baixas, fazendo-a sentir imenso ódio pelo comandante rival, que era ninguém menos do que sua própria irmã, em outra roupagem carnal.

"Eu sabia, você sempre me perseguiu. Pois desta vez não, desta vez eu vou vencer", repetia Magali em sonho.

Ao despertar, Magali saiu à procura de Estela.

# 7
## O atentado

AMELI SAIU DO banho, arrumou os cabelos e foi se vestir. Maria se adiantou, prestimosa, a auxiliá-la:

– A sinhazinha *tá* fraca. Deixa que eu pego o vestido, pode ficar sentada.

Quando Maria levantou a linda vestimenta, sentiu um peso a mais pender o tecido e deu um grito ao ver nele uma cobra.

– Ai meu Deus, sinhá!!
– O que foi, Maria?
– Uma cobra, sinhazinha.
– Não pode ser.
– É sim, alguém *qué acabá* com a sinhazinha.

Ameli enrolou-se no cobertor e saíram do quarto assustadas.

Ouvindo o barulho, a baronesa subiu apressadamente para ver o que se passava:

Chorando e em choque, Ameli abraçou a mãe e disse em voz que custava a sair de sua garganta:

– Colocaram uma cobra em meu vestido, ma... mãe.

– Como, querida? Não pode ser. Ninguém de fora entrou aqui!

– Mas é verdade, e ela quase atacou a Maria.

– Foi sim, sinhá. Tá lá na cama, em cima do vestido da sinhazinha.

– Maria, vá chamar o barão, corra.

A moça foi correndo.

Ao chegar, o barão encontra as duas pálidas e muito assustadas.

– O que disse?

– Colocaram uma cobra em seu vestido de noiva.

– Não pode ser. Não temos inimigos aqui dentro da nossa casa!

– Não sabemos, senhor.

– Vá chamar o Pedro, Maria.

Maria saiu, voltando com Pedro.

– Vá matar uma cobra no quarto de Ameli.

– Era para isso, então?

– O que você disse?

– Nada, não senhor, estava só pensando.

– Vá logo, antes que ela se esconda.

O serviçal já estava acostumado. Entrou e vendo a cobra enrolada ao lado do arranjo de flores, retirou o pano que trazia amarrado na cintura e prendeu a horripilante serpente.

Foi um alvoroço na casa. O barão, agora, suspeitava de todos.

Magali permanecia em seu quarto com estranha fisionomia, esperando a notícia que não tardaria. Foi quando alguém bateu à porta.

– Quem é?

– Sou eu, sinhazinha, Maria.

– O que você quer? Veio me dar a notícia? Conte logo.

– De que notícia a sinhazinha *tá* falando?

– Nada, nada. Diga por que veio.

– O senhor barão *tá* chamando. Já, já a sinhazinha vai saber.

"Deve ter acontecido. Adeus, irmãzinha."

As duas saíram do quarto e, na sala, os convidados já se avolumavam. Magali assustou-se.

– O que foi, papai?

– Magali, temos um assassino nesta casa.

– Por que o senhor está dizendo isso, papai?

– Tentaram matar sua irmã.

– Mataram a minha irmã, foi isso que o senhor falou?

– Graças a Deus, não.

Magali fechou o semblante.

– Não entendi porque ficou assim. Não gostou de saber que sua irmã está salva?

– Não é isso, papai. Fiquei assustada. Acho que estamos correndo perigo.

Albert, que estava perto de Magali, disse:

– Você não corre risco, senhorita, só sua irmã. Você sabe.

– Cale a boca. Quer que ouçam?

– E então, papai. O que faremos? Não pode haver mais casamento. É melhor deixar pra lá.

– Não, Magali. Nada impedirá o casamento de Ameli.

– Como, papai, fazer uma festa nesta confusão?

– Quem fez isso só queria que Ameli não se casasse.

– O senhor é quem sabe.

Saiu nervosa e o barão afirmou enfático:

– Vou providenciar homens para cuidar de tudo. Voltemos aos preparativos.

Acompanhada de Maria, Ameli voltou ao seu quarto chorando, olhando para o seu vestido:

– Eu não tenho coragem de vesti-lo. Acho que não me dará sorte.

– Também acho, sinhazinha. Quem teria coragem de fazer isso?

– Eu sei, mas deixe *pra* lá. Um dia ela aprende a perdoar.

– Quem foi, sinhazinha?

– Um dia saberá.

Estavam sem saber o que fazer. Catarina bateu à porta.

– Posso entrar, minha menina?

– Entre, Bá. Bom mesmo ver você aqui. Não sei o que fazer. Me ajude!

– Vim trazer uma coisa. Sabe que tenho meus avisos. Não me pergunte como, mas eu sabia que a minha menina não podia usar esse vestido. Então fiz junto com Tiana isto pra você.

– O que é, Bá?

– Veja.

Ameli abriu o pacote e ficou encantada com um lindo vestido cor do céu, bordado em renda.

A simplicidade da peça daria destaque à beleza angelical de Ameli.

– Meu Deus, que lindo. Foram vocês mesmas que fizeram?

– Sim. Precisava *dá* esse presente no dia mais feliz da sua vida.

– E não ia falar nada? Obrigada, você é um anjo.

– O anjo é você. Só quero que seja feliz. Eu *vô cuidá* de você.

– Eu já sou feliz, com todos vocês ao meu lado.

– Menos a sinhazinha Magali, não é?

– Você sabe, Catarina.

– A velha aqui sempre sabe de tudo; só não fala.

– Então me ajude. Você prepara tudo que eu for comer e você me traz, promete?

– Prometo, sim. E tenha mais cuidado com Estela. Eu já falei. Não fique a sós com ela. Vi a menina de cochicho com a sinhazinha Magali.

– Eu já desconfiava que Magali estivesse sendo ajudada. Quem pegou a cobra para elas? Tenho certeza de que não foi nenhuma das duas.

– Tem mais gente nessa história e eu vou descobrir.

Catarina saiu do quarto pensativa.

"Quem ajudou a Estela? Só pode ter sido o Pedro, que é caído de amor por ela. Aquele negrinho vai *tê* que me *contá*, agora mesmo."

Foi até o pomar e lá estava quem ela procurava.

– Catarina, você me assustou. Pensei que fosse um bicho.

– *Tá* assustado por que pensou que fosse a cobra que você deu *pra* Estela?

– Do que você *tá* falando?

– Você sabe. É melhor você *contá* logo ou *vô falá* com o sinhozinho.

– Eu não fiz nada. Você não tem prova.

– E precisa? Você gosta da Estela e com certeza não negaria um favor.

— Me deixa. Você não sabe de nada.

— Não vai *falá*? Então o senhor barão vai *fazê* você *falá*.

— O barão não. *Espera*, eu falo. A Estela me pediu a cobra, *mais* não me disse *pra* quê. Só agora fiquei sabendo e *tô* arrependido. A sinhazinha não merecia isso. *Num* conta *pra* ninguém, Catarina, por Deus, senão *vô sê* castigado.

— Presta atenção no que eu *vô falá*. Se alguma coisa acontecer de novo, eu entrego vocês *pro* senhor barão. E, aí, já sabe o que acontece com *nego* traidor.

— Eu prometo que nunca mais faço nada *pra* Estela e nem *pra* ninguém sem saber *pra* quê.

— Acho bom. Por hoje passa. Mas *vô ficá* de olho em você e naquela traidora.

Catarina saiu apressada pelos corredores para ajudar na finalização dos preparativos da festa quando deu de frente com Estela, estranha, assustada.

— Eu queria mesmo *falá* com você.

— Eu preciso ir, a sinhá *tá* me chamando.

Catarina segurou-a pelo braço e ameaçou:

— A sinhá vai *esperá*. Tenho que *ajustá* contas com você. Eu quero que me explique o que você *tá* armando *pra* menina Ameli.

— Eu não sei de nada.

— Você não presta. *Qué sê* castigada?

— Não, isso não.

— Você acha que se o senhor barão descobrir, vai punir a filha? *Tá* doida, menina?

A moça chorava muito.

— *Vamo pará* com essa cena. Você não vai *consegui* que eu tenha pena de você. Você tem que *sê* castigada.

– Não, Catarina, eu te peço, me ajuda. Tenho medo do barão.

– Devia *de tê* pensado antes.

– Me ajuda, não me entrega, eu te peço.

– *Vô deixá passá* dessa vez, mas a próxima coisa que *fizé*, vai se *vê* comigo. Agora vai, antes que eu mude de ideia.

Estela saiu correndo para arrumar os aposentos e encontrou Magali saindo do quarto.

– Eu queria falar com você.

A moça se assustou.

– Você não presta para nada.

– Eu fiz o que a sinhá mandou. Trouxe a cobra.

– Mas não deu certo.

– Eu num *vô fazê* mais nada, sinhá.

– O que foi? Vai fugir agora?

– Eu *tô* com medo. A Catarina descobriu tudo.

– Como? Você contou?

– Não, eu juro. Ela *que* me falou.

– Mas quem contou? Foi o Pedro?

– Não, sinhá. Ele nem sabia para que era a cobra.

– Essa negra é bruxa. Sabe de tudo. Qualquer hora eu acabo com ela.

– Não, sinhá, já chega. Quase descobriram tudo!

– Não quero saber. Não vou parar enquanto não conseguir o que eu quero.

– Eu *num* quero mais, sinhá.

– Vai querer, sim. Você vai me ajudar até o fim.

– *Num faz* isso, sinhá. Eu tenho medo do castigo.

– Que castigo, negrinha. Meu pai só faz o que eu peço.

Trêmula e arrependida por ver o rumo que as coisas

tomavam, Estela não sabia o que fazer. Magali pensava no próximo passo a dar para impedir aquele casamento. Já tentara de tudo e nada dera certo.

Os preparativos continuavam. Ameli vestiu-se. Embora fraca, sentia-se bela e muito feliz.

# 8
## Laços de família

Os convidados já estavam todos no salão de festa. A contragosto, Magali vestiu-se e desceu. A noiva era ansiosamente aguardada quando, ao som de suave música, o barão surgiu, no topo da escada, de braços com sua filha.

Todos ficaram encantados com a beleza da moça, que mais parecia um anjo. Ameli descia a escada, leve, sentindo-se flutuar.

– Meu Deus, como é bela esta jovem – expressou-se um dos tantos jovens, filho de um amigo do barão.

A cada elogio à irmã, Magali se rebelava, demonstrando-se contrariada.

– O que foi, senhorita, alguma coisa não lhe agrada? – exclama Albert, aproximando-se da moça.

– Não interessa.

– Pois parece e acho que todos notaram.

– Me deixe em paz, chega de gracinha.

– Precisa se conformar de que venceram. Eu até estou gostando de minha cunhada!

– Deixe de história, Albert. Vai desistir? Não é isso que me falou quando conversamos...

– Mudei de ideia.

– Não acredito que você amoleceu.

– Deixe que eles sejam felizes.

– Será por pouco tempo.

– Você já comprometeu a saúde de sua irmã. Não é o suficiente?

– Não dá pra falar com você mesmo.

– Procure se conformar. Você perdeu.

– Nunca, você não me conhece.

– Quem sabe, posso lhe conhecer melhor, se você permitir.

– O quê?

– Case-se comigo e não precisará do meu irmão. Afinal, sou bem melhor do que ele!

– Não acho, mas se me ajudar...

– O que quer que eu faça?

– Conquiste minha irmã e deixe o resto comigo.

– Você é diabólica.

– Topa ou não topa?

– Vou pensar.

– Maria Cecília, precisamos fazer alguma coisa, comenta comigo Roberta.

– O dever nos espera. Agora, precisamos ficar alertas. Magali infelizmente é capaz de tudo.

– Vamos, então.

– Hoje é o grande dia e a nossa pupila merece estes momentos de felicidade.

Atentos à cerimônia, os convidados acompanhavam os noivos radiantes. Eu e Roberta permanecíamos ao lado da noiva, transmitindo-lhe forças e neutralizando as vibrações deletérias que Magali emitia, com seus sentimentos de ciúmes e desejo de destruição.

Finda a cerimônia, os noivos passaram à valsa. Apenas uma volta foi o suficiente para que Ameli deixasse junto com Antoni o salão e buscasse se refazer.

Felizes, todos dançavam e comiam. Só Magali não desviava os olhos da irmã, levada por sentimento de profundo egoísmo.

"Ele tinha que ser meu. Isso não é justo."

Dirigindo-se a Magali, senhor Sandoval sonda, puxando assunto:

– Está feliz, senhorita, com o casamento de sua irmã?

– Sim, estou.

– Não parece. Quando ficará noiva também?

– Não sei, senhor. Com sua licença.

Magali saiu o mais rápido que pôde para a porta que dava aos jardins. Queria se ver livre de qualquer um que a lembrasse da felicidade da irmã naquela noite.

– humrrr! Ameli consegue tudo o que quer!

– Pensativa, senhorita?

– Você de novo, Albert. Por que não vai dançar?

– Só se for com você.

– Você não tem jeito.

– Por que não se casa comigo? Tenho tudo que meu irmão tem. Tenho certeza de que a farei feliz, insiste Albert, levando Magali pela mão até o centro do salão.

– Não é você quem eu quero.

– Está perdendo o seu tempo. Poderíamos ser felizes. Magali, observe que você não gosta de Antoni.

– Mas quem disse que eu gosto dele? Só não quero que ele fique com Ameli.

– Você é pior do que eu pensava, Magali. Você só quer destruir o amor deles.

A festa alcançou altas horas. Os noivos retiraram-se para os seus aposentos, já preparados por Maria.

Os dois trocavam juras de amor, enquanto em seu quarto, Magali emitia verdadeiras farpas mentais, tamanho o ódio que tomava conta do seu coração. Agitada, depois de muito tempo, seu cansaço deu lugar ao sono e ela adormeceu.

Em um sonho agitado, sentia-se sentada em um banco em uma praça, em conversa com simpática senhora, que lhe aconselhava:

– Minha irmã, deixe essa ideia de fazer justiça com as próprias mãos. É preciso perdoar. Você está se envolvendo com forças do mal, cujas consequências mais cedo ou mais tarde baterão à sua porta.

– Quem é você?

– Uma pessoa que te ama e que quer muito o teu bem. Atende ao meu pedido!

Com a respiração ofegante, Magali despertou, lembrando-se vagamente da mulher que acabara de ver em sonho, mas sem deter-se ao que ela acabava de lhe falar. Levantou-se, desceu, encontrando seus pais com os convidados, que permaneciam como hóspedes na casa.

– Bom dia, filha! Venha, sente-se conosco.

– Obrigada, papai. Mas vou até a varanda, preciso de ar puro.

– Posso acompanhá-la, senhorita?

Com ar de indiferença, Magali sinalizou positivamente a Albert, que não demorou a lhe fazer novamente a proposta:

– Magali, pense em minha proposta. Case-se comigo!

– Você, com esse assunto de novo.

– Se aceitar, prometo que farei o que desejar.

– Verdade? Até...

– Já lhe disse que farei qualquer coisa para tê-la comigo – interrompeu Albert.

– Então eu aceito. Mas com a condição de morarmos aqui na minha casa.

– Mas, por quê? A minha também é muito confortável.

– Para os meus planos aqui ficará muito mais fácil!

– Será como quiser, eu prometo.

Poucos dias se passaram sem que alguma coisa mudasse na frieza calculada de Magali e na ausência de brio de Albert. Enfim, marcaram a data do casamento. Os dois, de mãos dadas, aproximaram-se do barão, sendo Albert a se pronunciar:

– Desejo pedir-lhe a mão de Magali em casamento.

– Que surpresa. Darei o consentimento e ficarei muito feliz em unir nossas famílias, mais uma vez.

– Obrigado, senhor barão. Marcaremos a data para o final do mês. Preciso fazer uma viagem e, quando voltar, nos casaremos.

– Como queira, meu caro, desde que faça minha Magali feliz.

– Com certeza a farei, senhor.

Ambos conversavam, quando viram Ameli e Antoni chegando.

– Minha filha, como está?

– Papai, sou a mulher mais feliz do mundo. Fraca, mas feliz.

Riram todos.

– Você está linda!

– O Toni, papai, me faz muito bem. Só estou cansada.

– Então, sentem-se. Venham compartilhar conosco da alegria que nos proporcionou sua irmã.

– Posso saber o motivo de tanta alegria, senhor?

– Seu irmão acaba de pedir-me Magali em casamento.

– Que bom, Maga, parabéns.

– Obrigada, com licença – respondeu Magali.

– Nossa, pai, ela não parece feliz – comenta Ameli.

– Magali é assim mesmo. Nunca está contente com nada.

– Mas, minha filha, o momento é de alegria. Por que não toca para nós?

Ameli sentou-se ao piano e tocou maravilhosamente. Na canção, mostrava toda a sua felicidade, encantando e fazendo com que um dos filhos do comendador Mourão, ali presente, comentasse entre os dentes com o pai a sorte de Antoni, que chegara primeiro.

Roberta e eu acompanhávamos as ações de Magali, sem interferir, mas observando que Ameli, através da música e de sua emoção, criava um halo de luz em torno de si, neutralizando a ação deletéria das vibrações que chegavam de sua irmã.

Os dias passavam e os convidados, aos poucos, retornavam às suas casas.

Magali quase não falava, mas seus olhos continuavam a entregar a revolta que carregava dentro de si.

Ameli passeava pelo jardim, quando sua irmã chegou perguntando:

– Por que está aí? Onde está seu marido?

– Saiu com papai a negócios. E você, por que anda tão calada?

– Porque não estou com vontade de falar.

– É uma pena. Você sabe que eu gostaria muito que nossa relação fosse diferente. Somos irmãs, Magali.

– De você eu não quero nada – disse Magali, saindo a resmungar, deixando Ameli pensativa.

"Por que esse ódio, meu Deus? Quem sabe um dia Magali ainda mude esse gênio."

– Como está, querida? Sozinha?

– Que bom que você chegou, Toni.

– Estava morrendo de saudades da minha esposa querida. Está bem?

– Sim, um pouco cansada, mas estou bem.

Os dois, abraçados, entraram passando por Magali, que não perdeu a oportunidade de resmungar, alimentada por seus sentimentos de revolta diante da irmã. "Ameli não merece tudo o que a vida lhe concede."

Tudo corria bem; os meses passavam rapidamente e Ameli, atenta, não descuidava. Só comia o que as pessoas em volta ingeriam primeiro.

Quatro meses se passaram do casamento e certa manhã, afagando o marido, Ameli o surpreendeu:

– Toni, tenho uma coisa que eu queria lhe contar.

– Estou ouvindo, querida. Se não for importante, ficarei muito bravo.

– Bobo. Bravo, você?

– Diga. Estou curioso.

– Adivinhe! Você vai ser papai!

– O quê? Está falando sério?

– Claro. Brincaria com uma coisa dessas?

O rapaz pegou a esposa pela cintura e a rodopiou, fazendo-a exclamar bem alto.

– Pare, Toni, estou com tontura!

– Desculpe, amor. Estou tão feliz!

Rindo, sentaram-se na cama. Beijaram-se apaixona
damente.

À noite, no jantar, Ameli aproveitou a família reuni-
da para dar a boa notícia para todos:

– É bom estarmos juntos, porque tenho uma notícia
para dar.

– Diga, filha, o que está acontecendo?

– O senhor vai ser avô.

– Não entendi. Eu vou ser...

– É sim, vou ser mãe.

Magali segurava uma jarra, que com o susto da notícia acabou soltando-a sobre a mesa.

– O que foi, Maga?

– Ainda pergunta? Como a senhora pode permitir
que uma pessoa doente como ela seja mãe?

– Não quero ouvir mais nada, Ameli – interrompeu Magali.

– Estou falando a verdade.

– Chega.

– Maga, você será tia – falou Ameli ingenuamente.

– Não quero mais ouvir falar nisto. Não aguento mais
tanta bobagem. Fiquem aí, festejando; não contem comigo.

– O senhor viu, papai? É sempre assim, quando estou
feliz – retalha Ameli.

– Deixe pra lá, filha. Ela não sabe o que está dizendo.

Ameli levantou-se da mesa e dirigiu-se a uma das
portas que davam ao pomar.

– Não importa o que Magali ache sobre mim; o que
vale é tudo isso que Deus nos proporciona. Tenho só

que agradecer, sempre – refletia Ameli, sensibilizada.

"Obrigada, meu Deus, por ter me dado a oportunidade de vida e agora de ser mãe. Espero não falhar na tarefa a mim confiada. Farei tudo para que este pequeno ser que trago no ventre seja digno do Seu amor e seja agradecido por tudo, como eu. Obrigada, meu Pai."

– Em que está pensando?

– Estava orando e agradecendo pela vida. É isso que devíamos fazer todos os dias.

– Sou o homem mais feliz do mundo por tê-la ao meu lado.

– Eu também sou muito feliz. Obrigada por tudo.

– Não me agradeça. Sou privilegiado por ter um anjo como esposa.

– Você me deixa encabulada.

– Bobinha, ficou vermelha.

– Vocês viram? Ela está parecida com uma rosa. É mesmo a flor mais bela.

– Toni, pare com isso.

– Venham, meus filhos, precisamos comemorar. Eu vou ganhar um neto, sabem como estou me sentindo?

– O senhor está parecendo uma criança.

– É como me sinto. Gostaria de gritar para todos como estou feliz.

– Calma, papai. Ainda falta muito tempo.

– Pois é. No tempo que falta, precisamos preparar a sua chegada. Será um príncipe.

– Espere um pouco, papai. E se for uma menina?

– Será uma princesa, como a mãe. Filha, você não imagina como estamos felizes por você estar melhorando. O casamento trouxe você de volta à vida.

– É o amor, meu pai, que nos fortalece. E eu amo a todos.

– Obrigado por me proporcionar esta felicidade, meus filhos.

– Nós também estamos muito felizes, senhor barão.

– Seremos sempre, meu jovem.

– Com licença, vamos subir. Li precisa descansar.

– Vão sim. E cuidado com esta joia que você carrega, filha.

– Tomarei cuidado, papai.

– Ele está radiante, querida.

– É mesmo. Só Magali não consegue vibrar com a nossa alegria. Você viu como ela ficou? Não aceita mesmo que eu seja feliz.

– Ela sente ciúme de você, da sua bondade e meiguice.

– Por que ela não é como eu?

– Porque não existe ninguém como você. Você é única.

– Não. É só fazer as coisas com o coração. É só saber amar.

– O amor verdadeiro precisa ser incondicional e ela só pensa em si mesma.

– Coitada, Toni, ela deve sofrer muito. Só pensa no mal, por isso vive sempre infeliz. Espero que me deixe em paz.

– Eu tenho medo, querida. Agora, que ela sabe que vamos ter um filho, poderá tentar alguma coisa.

– Esqueça, Toni. Não vamos pensar nisso.

– Cuidarei de você, para que nada lhe aconteça.

– Eu sei, querido. Mas às vezes tenho a sensação de que não ficaremos muito tempo juntos.

– Não fale mais essas coisas.

– Está bem, não fique nervoso. Tentarei não pensar nisso.

– Esqueça. Vamos falar do nosso filho, com quem ele vai se parecer.

– Comigo. Ou melhor, com os dois.

Riram bastante.

# 9
## A insistência de Magali

Os meses foram passando e os danos das poções que Ameli havia ingerido foram aos poucos aparecendo em seu organismo, que no momento também gerava a criança. Algum tempo depois, sentia-se tonta e cansada, o que fazia com que passasse a maior parte do tempo na cama.

– Não entendo o que se passa. Estava tão bem! – dizia-lhe Toni, que se desdobrava em atenção à esposa, não saindo de perto um só minuto. Tinha medo de que algo pudesse lhe acontecer.

O aniversário de Magali chegou. Com o seu comportamento inalterado, ela quase não conversava com ninguém. E quando o fazia, era sempre para ofender.

À tarde, visitou a irmã.

– Hoje é a festa do meu aniversário e não quero que você apareça no salão.

– Por quê, Magali? Não lhe fiz nada!

– Por quê? Você está parecendo uma morta.

Ameli não conseguiu segurar as lágrimas.

– Você não pode falar assim.

– Eu falo o que...

– Chega, Magali – interrompeu Antoni. – Saia do nosso quarto; deixe minha esposa em paz.

– Por mim, ela jamais terá paz. Não quero ela entre nós, muito menos esse intruso que está esperando.

Toni não acreditava nos insultos que ouvia ainda mais intensificados:

– Não sei como você me trocou por essa morta-viva.

– Chega! Saia!

Ao chegarem, o barão e a baronesa encontraram Magali dizendo coisas absurdas.

– O que é isso? Você de novo?

Irritada, Magali saiu jogando tudo, entrou em seu quarto e jogando-se na cama jurava vingança. Ao seu lado, os espíritos que a acompanhavam, obsediando-a, não davam trégua.

Inconformada, ao meu lado, Roberta me questionava sobre o quadro que se intensificava. E eu procurava orientar:

– Nosso propósito é sempre ajudar, mas cada um faz suas escolhas diante de seu livre-arbítrio. Magali atrai as companhias espirituais que só intensificam o mal com seus pensamentos e atitudes.

– E vamos permitir que ela acabe com a irmã?

– Se ela fizer isso, terá que responder por seu triste ato.

– Não acho justo; Ameli nada fez para que ela a queira tanto mal.

– Nesta vida, não. Mas lembre-se que somos espíritos imortais. E podemos ter angariado inimigos ao longo das nossas diversas experiências na Terra.

– Então, por isso esse ódio?

– Um dia saberá de tudo. Você sabe que somos as consequências de nossas ações, tanto para o bem como para o mal.

– Então isso não termina nunca? Se a outra faz maldade, voltarão novamente para se ajustarem...

– O perdão é o remédio que nos liberta do mal.

– Acho difícil que alguém saiba perdoar de verdade.

– O sofrimento muitas vezes é o melhor recurso para nos ensinar a perdoar. São as leis maravilhosas do Pai em ação.

– Bem que eu gostaria de saber o que move a intriga dessas duas.

– Calma. O que deve nos mover sempre é a vontade de ajudar. Tudo a seu tempo.

– Quero aprender com você, Cecília, para um dia poder ajudar muito mais.

– Você está trabalhando bem, Roberta. Não importa a nossa condição. Quando queremos trabalhar, há sempre uma tarefa nos esperando.

– Então, vamos. Temos muito que fazer.

– Para aonde iremos, agora?

– Para a Colônia do Vale. Precisamos cuidar de duas crianças recém-chegadas.

– Cuidar de crianças é comigo mesmo. Sabe que na Terra eu fui professora?

– Estou sabendo. Então vamos ver.

Em poucas horas, teria início a festa de comemoração do aniversário de Magali. Vários convidados já estavam presentes, com todos os arranjos, bebidas e quitutes preparados. Magali também se preparou com esmero. Não pensava em outra coisa senão ser a pessoa mais bonita da festa. Desceu para receber os convidados, mas cada família que chegava lhe perguntava de sua irmã, o que a enervava sempre mais, quando seu noivo chegou.

– Como vai a pessoa mais bela desta festa, minha noivinha querida?

– Bem e feliz.

– Não parece. O que aconteceu?

– Não me venha você também com suas perguntas.

– Que mal humor. Nem em seu aniversário pode ser mais amável? Vamos dançar. Aproveitar a festa. Quem sabe não é hoje o momento ideal para marcarmos a data do nosso casamento?

– Nem pensar. Agora que estou conseguindo o que quero, vem você com essa história?

– Não entendi. Não quer se casar?

– Agora não. Logo saberá por quê.

– Sei. Estou sentindo a falta do meu irmão e da minha cunhada.

– Chega. – Magali empurrou o noivo e saiu resmungando. "Essa desatinada está tramando alguma coisa. Juro que vou descobrir."

Sentindo realmente falta do irmão, Albert saiu à sua procura, indo bater de leve à porta do seu quarto.

– O que está acontecendo nesta casa? O casal não sai mais do quarto?

– Mano, que surpresa. Como vai, meu irmão?

– Estou bem e vocês?

– Ameli não está muito bem.

– O que aconteceu?

– Nós pretendíamos falar com papai e mamãe, mas a Ameli sentiu-se mal e não saímos. Vocês não estão sabendo?

– Papai e mamãe estão viajando e não nos vimos.

– Você vai ser tio, Ameli espera um filho.

– Não. Está brincando?

– É sério.

– Eu vou ser titio. Aleluia. Até que enfim esse dia chegou. O papai ficará radiante.

– Acredito que sim. Só que Ameli anda meio fraca.

– Por que não estão na festa da Maga?

– Albert percebeu que Ameli baixara a cabeça e que uma lágrima escorria em seu rosto.

– Falei alguma coisa que não gostou?

– Não, desculpe.

– É sim, querida. Está na hora de ele saber de tudo. Afinal, ele se casará com ela.

– O que a Magali tem com isso? Preciso saber.

– Não, Toni, deixe pra lá.

– Não, querida. Ela chegou aqui e disse que não queria que Ameli participasse da festa, além de outras coisas.

– Meu Deus, ela perdeu a razão. Não acredito que teve coragem. Deixe comigo.

– Não faça nada, Albert. Só vai piorar a situação.

– Alguém tem que fazer alguma coisa para frear essa menina.

Albert saiu atormentado. Sabia que Magali tinha suas esquisitices, mas fora longe demais. Saiu em direção ao salão. Ao lado de Magali, segurou-a discretamente pelo braço, puxando-a para fora da roda de amigos.

– Você não tem jeito mesmo. Está feliz com o que fez?

— Não sei do que está falando.

— Estou falando da sua irmã. Às vezes eu penso que você não é boa da cabeça.

— O que foi, ficou bonzinho agora? Já pensou se seu irmão descobre que você me ajudou?

— Nem se atreva a me envolver nestes seus absurdos e verá do que sou capaz. Eu não sou sua irmã, muito menos seu cunhado. Eu faço um escândalo que você não sabe.

— Me solte que está me machucando.

— Sim, senhorita, soltarei para sempre. Você é a pessoa mais desprezível que conheço.

— Sou igual a você.

— O rapaz pegou-a pelo braço e arrastou-a pelo salão, levando-a até o barão.

— Senhor barão, eu um dia pedi a mão de sua filha. Mas venho neste momento desfazer o compromisso.

— Mas o que houve, meu rapaz. Posso saber?

— O que sua filha fez para Ameli e para o Toni é imperdoável.

— E o que ela fez?

— O senhor não sabe?

— Acabamos nos envolvendo com os compromissos e providências para a festa... Não conversamos.

— Pois façam isso e ficarão sabendo do que essa moça é capaz.

— Não dê palpite onde não foi chamado – disparou Magali.

— Magali, chega. Não me faça perder a paciência na frente de todos.

— É só isso que falta o senhor fazer.

– Eu não sei o que falta a essa menina para ela ser assim!

– Desculpe-me, senhor, mas falta o senhor ser mais enérgico.

– Afaste-a da irmã e tudo se resolve.

– Eu já falei que você não tem nada a ver com isso – insiste Magali.

– Você tem razão. Até agora eu tinha. A partir desse momento, não tenho mais.

– Você não pode fazer isso comigo. O que vão pensar...

– Não me aborreça – Albert interrompeu, já sabendo que sua preocupação era com o que os outros iriam pensar sobre ela, num comportamento sempre restrito e egoísta.

O barão estava estático. Sua vontade era de se arremessar sobre a filha, mas conseguiu se controlar, rindo para todos, para que não percebessem a sua decepção.

As palavras de Albert não saíam de sua cabeça. Não podia se ausentar da festa, o que era o seu único desejo no momento. Não estava conseguindo segurar tanta angústia.

Magali, com ódio, pensava:

"Ele me paga. Na hora certa digo ao Toni quem realmente é o Albert e quero ver a cara dele."

A festa finalmente terminara. Cansado, o barão não via a hora de falar com sua filha querida, mas já era tarde. Eles já deviam estar dormindo. Recolheu-se em seu quarto, mas não conseguia conciliar o sono.

– O que foi, senhor barão? Aconteceu alguma coisa? – percebendo seu mal-estar, Josefina perguntou.

– Depois conversaremos. Agora preciso pensar e tentar dormir.

Pela manhã, antes do café, o barão bateu à porta de Ameli.

— Filha, sou eu, seu pai.

— Entre, papai.

— Como está, querida. Vim buscá-la para tomarmos juntos o café.

— Obrigada, paizinho, mas não estou bem. Vá, Toni, faça-lhe companhia.

— Se não se importa, senhor, prefiro ficar com minha esposa.

— Não se preocupe, meu filho, fique com ela. Vim para saber o que aconteceu ontem.

— Deixe para lá, papai. Eu não quero falar nisso.

— Eu preciso saber, minha filha.

— Para quê? O senhor vai se aborrecer.

— Já me aborreci demais. Por isso, quero que me conte tudo.

— Deixe, Li, eu conto.

Depois de ouvir tudo, o barão baixou a cabeça e emudeceu por alguns instantes.

— De pensar que eduquei da mesma forma as duas filhas! Nada justifica tamanha diferença de gênio.

— Papai, não fique assim, não quero vê-lo triste.

— Não se preocupe, filha. Já, já passa. Com licença. Sua mãe está me esperando.

— Pode ir, paizinho. Apenas peça para Catarina me trazer um chá.

— Está certo, filha.

— Coitado do papai. Está sofrendo muito com as maldades da minha irmã.

— Acho que seu pai deveria interná-la num colégio. Quem sabe mudaria um pouco.

– Ele não faria isso, eu o conheço. Sei que ele nos ama muito.

– Sua irmã precisa de alguém que a freie, precisa de um chacoalhão. Não pode continuar assim.

– Você sabe, Toni, ela não sossegará enquanto não me ver infeliz ou tirar você de mim.

– Isso ela nunca conseguirá.

– Não sei. Ela é capaz de qualquer coisa.

– Não permitirei que faça nada contra mim.

– Obrigada, querido. Que bom que tenho você!

– Vamos mudar de assunto. Vamos falar do nosso bebê. Precisamos pensar num nome para ele ou ela; não sabemos o que vai ser.

– Eu já sei. Se for menina, será Catherine e, se for menino, Ronald. O que acha?

– Eu gosto de tudo que você gosta, sabia?

– Bobo, pode dar sua opinião.

– Para quê, se adorei os dois nomes?

– Eu te adoro, Antoni.

– Toni abraçou a esposa, beijando-a apaixonadamente. Alguém bate à porta.

– Sou eu, sinhazinha, vim trazer o seu chá.

– Obrigada, Catarina, pode colocá-lo aí, já vamos nos servir.

– Como está, menina?

– Cansada. Ontem foi cansativo.

– Eu sei, sinhá, eu vi tudo. A sinhá Magali não tem coração, parece feita de pedra.

– Mas já passou. Eu quero esquecer.

– Isso mesmo. Não *deixa ela te magoá*. Um dia ela vai *tê* o que merece. Nosso *Sinhô* vê tudo e sabe o que *fazê*.

– Sim, já deixei em suas mãos.

– *Tô* indo, que tem muita coisa pra *fazê*.

Tomaram o desjejum; ficaram mais um pouco no quarto e saíram para passear na parte externa da casa, nos jardins que tanto Ameli gostava. Andavam de braços dados, sem que vissem que alguém, da janela, os observava.

# 10
## A difícil prova

AMELI JÁ ESTAVA no oitavo mês de gestação.

Certa manhã, encontrava-se no jardim, em seu cantinho preferido, em contato com a natureza, profundamente ligada ao Criador. Ali meditava:

"Meu Pai, não sei o que tenho pela frente, mas sei que preciso viver para criar o meu filho. Dai-me saúde e força para continuar a minha jornada."

Assim, envolvida em seus pensamentos, ouviu um barulho. Voltou-se para ver o que estava acontecendo e viu que Magali vinha em disparada, cavalgando em sua direção. Tentou correr, mas não teve tempo hábil para sair da frente. O cavalo, à sua frente, ergueu-se no ar, projetou-se para cima dela, jogando-a ao chão. Tão violenta foi a queda, que Ameli não conseguiu levantar-se.

Magali segurou a rédea do cavalo e saiu em disparada. Ao longe, Pedro, que trabalhava no jardim, assistiu à cena e saiu correndo para socorrê-la.

– Sinhá! Sinhá! Responda, abra os olhos.

Só ouviu um gemido.

– Socorro, socorro, *sinhozinho*.

Na sala, ouvindo os gritos de Pedro, Toni saiu correndo ao seu encontro e lá estava sua esposa, deitada ao chão.

– Ameli, acorde. O que aconteceu, Pedro?

– Foi a ...a... a...

– Fale, homem, pare de gaguejar.

– A sinhá Magali jogou o cavalo em cima dela.

Toni pegou a mulher desfalecida nos braços e saiu apressado para seu quarto, dizendo:

– Vá depressa buscar o médico, Pedro.

– *Tô* indo, senhor.

Saiu em disparada, alcançando toda a velocidade que podia com os cavalos. Algum tempo depois, voltava com o médico.

– O que aconteceu, Toni?

– A sua filha, dona Josefina, que qualquer um pode ver que tem problemas mentais, avançou com o cavalo sobre Ameli.

– Não acredito que ela tenha feito isso. Vou chamar o barão.

Ao examinar, o médico foi taxativo:

– Precisamos levá-la para a província. Ela precisa de cuidados urgentes.

– O choque foi muito forte. Precisamos tentar salvar a criança.

– Não posso perdê-las, doutor. Por favor, salve-as. Salve a minha esposa – desesperado, Antoni gesticulava e falava ao mesmo tempo.

– Calma, você precisa ser forte. Não deve perder a calma.

– O barão entrou e viu o genro desesperado.

– O que está acontecendo?

– Sua filha chegou ao extremo, e se o senhor não a punir, eu o farei, juro.

A baronesa narrou o que acontecera. Enfurecido, o barão dirigiu-se ao quarto de Magali.

Entrou sem bater, encontrando-a deitada, tranquila. Agarrou-a pelo braço e, perdendo o controle, esbofeteou-a várias vezes.

– Saia da minha frente, senão não sei do que sou capaz, filha desnaturada.

– Bata-me. Mate-me. Não me importo, sou mesmo infeliz.

– Não quero vê-la na minha frente.

Magali olhou para o pai e viu o quanto estava transtornado. Sentiu medo, parecia outra pessoa. Refugiando-se pela casa, encontrou Catarina.

– Sinhá *tá* feliz agora, com o que fez? Vai *pagá* muito caro por duas vidas.

– Não se meta onde não foi chamada.

– Só quero dizer que responderá por isso, um dia. Da justiça de Deus, ninguém foge.

A moça saiu resmungando. Andava de um lado para o outro.

– Eu não tive culpa; o cavalo disparou. Agora todos vão me culpar, mas não fui eu.

Toni já estava saindo com Ameli desmaiada. Apressaram-se. No hospital, a equipe se esmerava para fazer o melhor.

Toni chorava. O barão permanecia calado. A baronesa tentava conversar, mas ele não lhe dava atenção.

Horas depois, o médico surgiu no corredor.

– E então, doutor?

– A criança nasceu. É uma menina, mas está muito fraca. Estamos fazendo de tudo para que fique bem.

– E minha filha?

– Está bastante debilitada; perdeu muito sangue. Ainda está inconsciente. Se têm fé, rezem por ela.

No final da tarde, Ameli despertava.

– Toni, querido, o que aconteceu?

– Fique calma, querida. O nenê nasceu antes do tempo. É uma menina! Mas precisa ficar sob cuidados médicos.

– Papai, está triste!

– Não, filha, estou um pouco cansado. Agora, descanse; você ainda está fraca.

Ameli logo adormeceu, todos ao seu lado, quietos, velavam por seu sono.

Os dias se passavam. Aos poucos a bebê se firmava em sua saúde. Mas Ameli não reagia aos cuidados médicos.

Andando pelo corredor do hospital, o barão, ao lado de Josefina, viu que doutor Anselmo vinha ao encontro deles:

– Preciso falar com o senhor.

– Pois não, doutor, e minha filha, como está?

– O estado de saúde de sua filha agravou-se. Seu organismo não tem reagido bem ao tratamento.

– Como, doutor? Mas faça alguma coisa. Minha filha ama a vida. Não duvido que o que ela mais deseja é viver.

– Eu acredito muito, senhor barão, que aquilo que sentimos é capaz de interferir nas reações de nosso corpo físico, principalmente no estado de Ameli. Ela passou por alguma desilusão?

– Vou lhe contar o que aconteceu.

– Tenho outra filha que é completamente o oposto de Ameli. Briga desde pequena com a irmã, sente ciúme. E, sabe como são essas coisas, ela vive provocando a outra. Hoje mesmo as duas se desentenderam. Magali provocou um acidente com o cavalo, que levou à queda de minha querida filha.

– Mas isso é caso de polícia.

– Não, por Deus, meu marido. Ela é nossa filha também. Você não pode fazer isso – defendeu Josefina.

– Senhor barão, o que aconteceu foi tentativa de assassinato. Não pode deixar por isso mesmo.

– Não, por favor, não faça nada, eu lhe suplico – Josefina traduz em sofrimento todo o sofrimento de mãe que lhe ia na alma.

– Vou pensar, doutor – reticente disse o barão.

– Não sei se Ameli reagirá. Estamos fazendo o possível.

Toni se desesperou.

– Se eu perder minha esposa, entregarei Magali à justiça.

– Por favor, meu genro, pense bem. Como ficará o nome da família?

– Então reze, dona baronesa, para que não aconteça o pior.

Junto ao marido, Josefina pôs-se a rezar.

"Meu Deus, ajude minha filha. Traga-a de volta. Ela não pode morrer, precisamos de sua ajuda."

Trancada em seu quarto, Magali se isolara, fazendo questão de ignorar qualquer notícia sobre o desenrolar dos fatos. Foi quando resolveu romper o isolamento e descer até a cozinha:

— Não vai servir o jantar, Catarina? Por que meus pais não voltaram até agora?

— Ainda pergunta, sinhá? Sua irmã está morrendo e a senhorita só pensando em si mesma?

— Morrendo, como?

Pedro chegava do hospital e contou o que o médico conversara com a família.

— E prepare-se, sinhá, se ela morrer, as coisas vão ficar feias *pro* seu lado.

— Não me perturbe, Catarina.

— Então *tá* certo, fique aí, com a sua consciência. Já vou servir o jantar.

— Não precisa. Perdi minha fome.

Com gestos intensos, Magali saiu inquieta, andando sem rumo, pensando na situação que ela acabara por armar.

"Acho que fui longe demais, mas agora é tarde. Não posso fazer nada. Se ela morrer, o Toni será meu."

# 11
## Luto na casa grande

ROBERTA E EU acompanhávamos o quadro obsessivo. Em torno de Magali, companheiros voltados ao mal se deliciavam com a desordem mental que causavam em todo o núcleo familiar.

— Cecília — Roberta inquiria-me — difícil assistir a tudo isso sem poder fazer nada.

— Não podemos interferir na vontade, mas podemos sugerir a ela a valorização do amor, do perdão. Magali vai, mais cedo ou mais tarde, aprender a conter os seus impulsos, obtendo mérito desta virtude por si mesma.

— Ameli só sofre, sem fazer nada.

— No fundo, pelo arrependimento de ações do passado, ela recua hoje, enquanto Magali cobra-lhe o que acha de direito.

— Se as pessoas soubessem como é mais fácil viver na paz, valorizando o bem, os sentimentos superiores, plantariam hoje uma colheita muito mais saudável no futuro.

— É mesmo, Cecília. Mas não se importam muito com

isso. As pessoas preocupam-se com os valores materiais, acentuando o egoísmo e o orgulho.

– Ainda bem que Deus nos dá oportunidades de retornarmos à Terra.

– Devemos agradecer sempre.

O pensamento de Magali, em ficar com o marido da irmã era muito forte, tornando-se uma verdadeira obsessão. Passou a tarde toda falando sozinha, deixando Catarina preocupada.

– Maria, não sei, não. A sinhazinha está ficando louca. Olha só o jeito dela.

– É mesmo. Essa moça foi sempre estranha, diferente. Mas agora *tá* demais. A sinhá e o barão são tão bons e a sinhazinha Ameli, nem se fala, é um anjo...

– Não sei no que vai dar isso. Só Deus para ajudar.

– Estou preocupada com a minha menina.

No hospital, o desespero tomava conta da família. Na sala de espera, Toni continuava desolado. O barão andava de um lado para o outro e, exausta, a baronesa tentava acalmar o marido em vão.

Ao anoitecer, veio a triste notícia. Ameli deixara a Terra.

– Sinto muito, senhores. Realmente ela não reagiu e acaba de falecer.

– Não pode ser, o senhor não está falando a verdade, doutor.

– Infelizmente sim, meu jovem. Sinto muito. Fizemos tudo que estava ao nosso alcance.

Toni abraçou o sogro e ambos choraram desoladamente.

– Foi ela quem matou a minha mulher. Eu a odeio.

– Acalme-se Toni. Não vai ajudar em nada isso. Ameli já se foi, disse a baronesa meio fora de si.

– Meu Deus, por que a tirou de mim? Minha vida não tem mais sentido.

– Calma, Toni. Você tem sua filha, que precisa de você.

– Ela queria tanto essa filha e, agora, se foi sem vê-la. Isso é uma injustiça.

Toni debruçou-se e chorou por longo tempo, sem que ninguém conseguisse acalmá-lo.

Providenciado o enterro, parentes e amigos foram comunicados.

A notícia chegou à casa grande, deixando Catarina e Maria desesperadas.

Chegando à cozinha, Magali viu as duas chorando.

Catarina, olhando nos olhos da moça, disse:

– Está feliz? Conseguiu o que queria. O que vai fazer agora para acabar de desgraçar de vez essa casa?

– O que está dizendo?

– A sinhazinha matou a sua irmã. Coisa ruim. Malvada.

– Quem te disse isso, sua...

– Eu sei de tudo. Dos chás venenosos que a sinhá deu para sua irmã, a cobra e o ataque com o cavalo. A sinhá Ameli está morta, mas saiba que o sinhozinho Toni disse que vai entregá-la para a justiça e tem também a justiça de Deus. A sinhá é má, parece uma serpente.

– Cale a boca. Quem pensa que é para falar assim comigo?

– Eu não sou ninguém, mas a sua consciência, sim, essa pode lhe acusar melhor do que eu.

– Não espere para se ver no olho da rua.

– Faça isso e eu conto o que o senhor barão não sabe e, com a dor que ele está sentindo, bem sabe o que ele pode fazer.

Magali saiu para o seu quarto e descontrolada chorava e ria ao mesmo tempo.

"Agora ele será meu, vou criar essa criança, tomarei tudo dela", pensava, enquanto caía em prantos.

"Eu matei a minha irmã, sou assassina, sou poderosa", falava e caminhava de um lado para outro.

À noite, chegavam os amigos do barão e demais conhecidos, fazendo com que o salão ficasse repleto de pessoas em luto.

Durante todo o tempo necessário, Roberta e eu acompanhamos o desprendimento de Ameli. A ligação com o seu corpo físico foi desfeita ao romper-se o cordão fluídico. Espíritos amigos aplicavam-lhe energias benéficas, auxiliando-a no importante momento.

Passados alguns dias, Ameli despertou, assustando-se com o lugar onde se encontrava.

– O que aconteceu? Onde estão Toni e minha filha?

– Ameli, está tudo bem. Agora é hora de se tranquilizar.

– Que lugar é este?

– Você está em um hospital.

– Mas não vejo o doutor Anselmo.

– Procure acalmar-se. Descanse.

– Novamente fluídos balsâmicos foram aplicados, trazendo melhores condições para o seu restabelecimento.

– Estou vibrando muito por ela. Não será fácil aceitar essa nova condição espiritual, disse-me Roberta, no esforço de auxiliar.

– De nossa parte, o melhor é pedir ao Pai forças para que ela se equilibre e esteja bem para aceitar o que vem pela frente, lembrei-a.

Assim foi feito, não apenas pelo nosso acompanhamento, mas por demais irmãos, responsáveis por questões específicas do período da adaptação de Ameli na condição de recém-desencarnada.

Passado novo período, ao retomar a consciência, Ameli tenta se localizar e saber quem somos.

– Meu nome é Maria Cecília e esta é Roberta. Trabalhamos aqui no hospital.

– Ainda estou aqui! Onde estão meus pais?

– Estão na fazenda, junto ao seu marido.

– E minha filha?

– Sua filha está bem. Nasceu antes do tempo, mas não demora estará muito bem.

– Aqui é o lugar ideal para você se recompor agora. Ficarei ao seu lado, enquanto recupera suas energias.

– Meio assustada, Ameli segurava nas minhas mãos e eu mantinha meus pensamentos ligados ao Alto, buscando forças para que minha tutelada pudesse se equilibrar.

Alguns dias a mais se passaram até que, fortalecida, Ameli encontrava-se bem mais disposta.

– Bom dia, minha irmã.

– Você está com outro aspecto, mais descansada.

– Estou sim, mais tranquila. Por que está fazendo isso por mim?

– Porque gosto de você e este é o meu trabalho.

– Que hospital é esse?

– É um lugar muito especial, onde aqueles que retornam da grande viagem encontram o acolhimento que os ajudará a se refazer, Ameli.

– Mas você mesma viu que eu estou muito bem. ... Viagem?

– Você não se lembra de nada?

– Só me lembro de que tive um bebê.

– Teve uma linda menina!

– Catherine! Quero muito vê-la. Viagem... Você está querendo dizer...

– Sim, minha querida...

– Como? Você quer dizer que morri?

– Ninguém morre, Ameli.

– Estagiamos na Terra, em inúmeras reencarnações. Ao findar de cada uma delas, retornamos para este plano espiritual, a nossa verdadeira pátria, lembra-se?

– Não! Eu preciso cuidar de meu bebê. O que será dela?

– Calma, querida. Catherine está cercada pelo carinho de seus pais e seu marido. Ela ficará bem.

– Eu sei que vão cuidar, mas não é igual à mãe.

Num choro sentido, Ameli buscava apoio em mim, segurando em minhas mãos.

– O que vou fazer agora? Preciso do Toni.

– Tente se manter calma. Essa será a condição, se quiser saber mais sobre a realidade que vive neste momento.

Ameli se dirigiu até as janelas de ampla sala em que se encontrava e viu que, lá fora, flores como nunca havia visto antes enfeitavam mimosos jardins. Não resistindo à beleza, procurou a porta e foi ver de perto o que lhe encantara, como que pedindo forças àquela manifestação divina em forma de natureza.

"Temos que ser fortes para conduzir as ovelhas no caminho do bem", eu pensava comigo mesma, ao concluir que Ameli em breve ingressaria em outro patamar de entendimento de sua nova realidade.

Neste momento, Roberta entra no aposento, sinalizando a mim que um novo serviço nos aguardava.

Já no corredor, Roberta me avisava:

– Pedem-nos socorro na crosta terrestre. As coisas na fazenda do barão estão difíceis.

– Antes de partir, preciso de alguém para cuidar de Ameli.

– Como ela está?

– Muito bem. Já se integrando à nossa realidade. Veja, está ali na ala das flores. Acaba de saber de seu retorno aqui para o plano espiritual.

– Como reagiu?

– Ela vai ficar bem! Vá até ela, enquanto verifico quem ficará aqui em nossa ausência.

De volta, cheguei acompanhada, apresentando à Ameli quem a assistiria, enquanto as duas estivessem fora em nova missão.

– Querida, Anadeli é também nossa amiga e veio para ficar com você.

– Obrigada, vocês são muito gentis.

– Muito prazer, meu nome é Anadeli.

Ao ouvir o nome, Ameli deixou por uns instantes a melancolia que lhe ia na alma transbordar em seu olhar.

– Você me fez lembrar minha irmã. A história é longa. Ela... Desculpe!

– Não se preocupe. Estamos aqui para isso – disse Anadeli de forma amorosa.

– Vocês todas são muito bondosas. Perdoe-me, mas eu ainda estou muito...

– Ameli, você está reagindo muito bem. Acredite. E todo seu esforço em aceitar esta nova realidade está lhe beneficiando, você nem imagina o quanto.

— Eu agradeço muito a vocês.

— Penso então que a melhor forma de agradecermos é fazermos uma prece, todas juntas, levando a Jesus a nossa gratidão. Ele é o nosso maior exemplo. Incompreendido, carregou a sua cruz, não em sacrifício, mas em nome amor, dando-nos o exemplo de coragem para podermos também aprender a enfrentar os nossos desafios.

## 12
## Influências espirituais

NA MANHÃ SEGUINTE, saímos Roberta, Júlio, Ângelo, Paulo e eu. Em pouco tempo, estávamos na fazenda, onde encontramos o ambiente espiritual bastante desequilibrado. Discussões, ressentimentos, portas abertas para entrada de forças negativas.

O objetivo era de apoio e de retorno da harmonia naquele lar, que passava por grande perda. Paulo já estava acostumado a lidar com situações semelhantes.

Nos dirigimos, primeiramente, ao quarto de Magali. Paulo entrou acompanhado de Júlio e, ao observarmos o seu estado espiritual, sentimos pena, pelo estado em que ela mesma se punha, ligando-se às influências espirituais tão negativas.

– Preste atenção, Júlio. Olhe para ela e veja quantas entidades acompanham-na – comentei.

Júlio ficou admirado. Junto à moça, um homem mal vestido, de barbas e cabelos compridos transmitia-lhe impressões que ela refletia até mesmo em suas expressões. De seus olhos faíscas eram lançadas e absorvidas pelos campos de força de Magali. No mesmo ambiente, arrastando-se pelo chão, outros espíritos se moviam como serpentes. Mais ao canto, uma mulher com o rosto deformado gargalhava estridentemente, estimulando nos dois profunda vontade de ajudar não só Ameli, mas a todos os desencarnados que investiam tempo precioso numa ação que nada de bom acrescentava a eles.

– Paulo, esses irmãos estão ligados ao passado da moça?

– Poderiam até ser espíritos pedindo ajustes de contas, querendo fazer justiça com as próprias mãos. Mas, neste caso, vejo que são entidades que simplesmente se comprazem em fazer o mal e encontraram em Magali um bom veículo, afinizando-se pelo diapasão dos sentimentos.

Aproveitando aquele intenso aprendizado, Júlio ficou em silêncio e pediu a Deus que lhe desse forças para poder ser útil e ajudar, sem julgar.

"Que meus pensamentos, Senhor, sejam de bondade e compreensão, para auxiliar os que se comprazem com o mal."

Observando que Júlio asserenava o seu semblante, envolvido por suave luz, Paulo o aconselhou:

– Isso mesmo, Júlio, ore bastante. Nós vamos precisar.

– Como você sabe que estou orando?

– Esqueceu que nada fica oculto para nós espíritos?

Paulo levantou as mãos em direção à Magali, que pensava com muito ódio nos pais e no cunhado. De suas mãos, caíam-lhe energias como se fossem gotas de luz.

Júlio olhava admirado.

Ela se agitava como se não quisesse se libertar e, assustadas com a intensa luz que viam à frente, as entidades afastavam-se todas como feras.

— Neste momento, Júlio, há sempre por perto amigos do grupo de resgate dispostos ao convite para o despertar destes irmãos. Os que aceitam partir para uma nova condição de vida são levados e assistidos.

— E eles aceitam naturalmente? — perguntou Júlio.

— Nem sempre. São como nós. Nem sempre estão preparados para deixar os seus interesses para aceitar o convite para o aprendizado com Jesus. Há que haver muita paciência.

— E perseverança também.

— Agora, Júlio, olhe para a jovem e veja como está calma.

— Ficará livre de tudo agora, Paulo?

— Dependerá dela. Dos seus pensamentos, palavras e atitudes. Só ela poderá manter essa vibração. Agora temos que ajudar o pai. O barão também está envolvido por forças negativas.

Novamente reunidos, partimos agora para a outra tarefa. Eu aproveito para lembrar os detalhes sobre o processo de obsessão.

— Sei que desejam saber se estas entidades têm alguma ligação com o passado da família. Lembrem-se de que os motivos de uma obsessão podem variar. Às vezes é por pura vingança contra uma pessoa que no passado magoou o espírito que atua. Mas quase sempre é apenas o desejo de fazer o mal. Uma vez que ele sofre, deseja fazer os outros sofrerem também, fazendo com que sinta prazer com isso. Esses espíritos agem muitas vezes pelo ódio que lhes desperta a inveja do bem, e é por isso que lançam a sua maldade sobre pessoas honestas e bem--intencionadas – eu lembrava.

– Mas é difícil nos imaginarmos assim, à mercê da vontade de eles quererem nos prejudicar!

– Só ficamos propensos à ação do mal quando abrimos brechas em nossos sentimentos e atitudes, o que é ainda bastante comum entre nós, espíritos em evolução.

Na sala onde se encontrava o barão, o ambiente era carregado. Vários espíritos perambulavam em torno dele.

Riam, gritavam, deixando-o extremamente nervoso.

– Calma, meu marido. O senhor não pode ficar assim – Josefina tentava contornar.

– O que gostaria que eu fizesse? Deus não podia ter levado a nossa filha. Por que ela?

– Reclamar não vai aliviar a nossa dor. Vamos sair um pouco, tomar um ar.

– Não quero, deixe-me em paz.

– Assim vai ficar doente.

– Deixe-me, quero morrer. Esta vida não tem mais sentido.

– Vejam como está envolvido. Cada vez mais revoltado – eu pontuei ao grupo.

– E o que faremos? – pergunta-me Roberta.

– Vamos envolvê-lo em energias de muito amor, emitindo-lhe vibrações de equilíbrio.

Assim fizemos todos, direcionando-lhe muito amor, até que o barão, mais relaxado, conseguiu adormecer.

Apesar de tentar mostrar-se forte, Josefina também estava com o coração despedaçado pela dor e, naquele momento, também recebeu de todos nós o socorro necessário, manifestando de imediato com seu instinto materno e bondoso o desejo de ajudar a filha também:

– Minha filha, onde você estiver, que esteja bem. Você sempre fez por merecer. Que esteja nos braços do Senhor, dizia ela, revelando que os fluídos que recebia já a faziam se sentir melhor.

Enquanto observávamos, Paulo disse:

– Veja o poder que há no coração que ama. Mesmo com o coração em dor, Josefina foi capaz de emitir muito amor. Pensando na filha, seus sentimentos chegam até ela, ajudando-a em sua recuperação no plano espiritual e auxiliam também a todos os que estão aqui à sua volta, encarnados e desencarnados.

– É mesmo! – repara Júlio, observando que o ambiente espiritual clareava visivelmente.

De repente, o barão desperta na poltrona onde caiu em sono menos de uma hora atrás.

– O que aconteceu?

Josefina, mesmo sem saber, captava a leveza do ambiente espiritual do momento e arriscava o diagnóstico:

– Nada de mais, meu marido. Um anjo bom deve ter tido pena de nós e passado para deixar a sua bênção. Vamos descansar. Acho que finalmente vamos encontrar a paz.

O barão saiu acompanhado da esposa rumo aos aposentos, enquanto eu fiquei a meditar.

– O que foi? – perguntou-me Roberta

– Peço a um de vocês para ficar de plantão, assegurando o equilíbrio do ambiente e impedindo que os nossos irmãos em desajuste se aproximem novamente.

— Eu ficarei aqui – disse Paulo.

— Júlio ficará com você. Será uma excelente experiência para ele.

— Pode ir sossegada.

— Antes, tenho que ver uma pessoa.

— Vou com você, posso?

— Claro, Roberta, vamos lá.

Adentramos a cozinha e, cabisbaixa, Catarina cortava legumes, preparando o almoço, bastante entristecida.

"Onde estará a minha menina? Como será que ela está?"

— Catarina sentiu bastante, Cecília. Veja.

— Vamos ajudá-la.

Ao estender a mão sobre a fronte de Catarina, ampliei o seu campo de visão, fazendo com que ela captasse as imagens de Ameli, de quem tanta falta sentia, no plano espiritual:

— Meu Deus, estou sonhando. Só pode ser. Estou vendo a minha pequena. Como está linda! Graças a Deus. Sim, agora sei que minha menina está bem!

Misturando lágrimas de alegria e emoção, Catarina bem dizia em sua simplicidade as "coisas bonitas de Deus".

— Nossa amiga tem coração bom e ama com desprendimento. Isso facilita ampliar a sua visão em direção a quem tanto ama – comentei.

— Obrigada por me ensinar tudo isso.

— O esforço é seu, Roberta. Você tem estudado muito, que eu sei.

— É, mas vejo que é aqui na luta do dia a dia que verdadeiramente aprendemos.

— Sim, mas o estudo e a prática são importantes. Um sem o outro não será completo. No convívio, na troca com o outro, em nossas vivências, vamos amadurecendo, ganhando sabedoria. E esta caminhada ninguém faz por nós.

— Isso mesmo!

— Agora, vamos.

— Posso fazer uma coisa?

— Sim, mas cuidado, não exagere.

Roberta aproximou-se de Catarina e deu-lhe um beijo, em nome de Ameli.

— Minha nossa. Eu ganhei um beijo, mas meu Deus, eu *tô* sozinha!

— Parece um sonho. Vi minha menina linda como sempre!

— O que foi, Catarina, falando sozinha?

— Eu estava agradecendo a Deus, Maria, porque eu vi a menina Ameli.

— *Cruz-credo*. Endoidou de vez, ela *tá* morta, mulher.

— *Tá* não, Maria, ninguém morre. Só muda para outro lugar.

— Não gosto dessa conversa, não. Eu tenho é medo.

— A gente deve ter medo é dos vivos, que têm tanta maldade no coração!

— Não dá *pra* falar com você, quando está com essas doidices.

— Você não entende nada dessas coisas, Maria. Deixa pra lá.

Paulo e Júlio permaneceram para dar assistência ao núcleo familiar, enquanto Roberta, eu e Ângelo partíamos para novas missões.

## 13
## Aprendendo e superando

JÚLIO FOI UM dos que chegaram anos atrás no hospital espiritual em estado lastimável, fruto de suas extravagâncias. Aos vinte anos, vivia desafiando a própria vida, vivendo com más companhias.

Foi socorrido por nossa equipe de resgate, quando deixou o corpo físico ao se envolver em uma briga, saindo da casa de jogos que frequentava.

Fora levado em estado de choque e assim permaneceu por muito tempo. Quando voltou à consciência, desesperou-se ao perceber que estava no plano espiritual, deixando pais e amigos em tão tenra idade. Foi necessário um tempo razoável até que ele aceitasse sua nova condição, o que lhe permitiu ser transferido para uma colônia espiritual destinada à regeneração, a colônia do Amor Fraterno. Uma vez já ajustado e em condições de trabalhar, recebeu orientação de que faria parte de nossa equipe de apoio, notícia que o deixou muito feliz.

As experiências que pouco a pouco foi colhendo junto ao grupo foram verdadeiros chamados para os valores reais da vida. Mais centrado e interessado em aprender, Júlio vinha se destacando, principalmente em sua vontade de praticar o que aprendia.

Nessa mesma colônia que um dia acolhera Júlio, Ameli se reestruturava e progredia intensamente em seu aprendizado e equilíbrio espiritual. Nela está em companhia de Anadeli, entretida em amistosa conversa.

– Ameli, confie no que você já tem como conquista interior. As experiências vividas lhe trouxeram maturidade. E o perdão, minha amiga, é o nosso primeiro grande aprendizado, o que grande parte das vezes nos impulsiona para a nossa almejada elevação.

– Eu sei, Anadeli. Me esforcei muito para conseguir perdoar minha irmã, diante de sua revolta e não aceitação de minha presença junto dela nesta encarnação.

– Continue seu esforço, Ameli. Você se surpreenderá com seus sentimentos.

– Obrigada. Você me ajudou muito; só estou preocupada com meus pais, minha filha e todos que deixei na Terra.

– Cecília com sua equipe está com eles e não demora trará notícias. Mas não se esqueça da segunda grande lição: ter sempre paciência.

– Ficarei feliz.

Nem bem acabou de falar, e eu estava à porta, chegando com boas notícias.

– Como está, Ameli? Pelo jeito, bem cuidada, não é?

– Com certeza. Anadeli é ótima.

– Estávamos falando de você.

– Posso saber o quê?

– Ela me disse que vocês foram ver meus pais. É verdade?

– É sim, eles estão bem mais calmos.

– Que bom, estava preocupada.

– Fique calma, está tudo bem.

– Com tão pouco tempo que chegou aqui, está ótima.

– Eu nunca fui apegada às coisas da Terra e me dizem que é o que me ajuda bastante. É verdade, eu só queria ser feliz. Pena que... Mesmo assim agradeço a Deus, por tudo.

– Ameli, aos poucos você vai entender que nada é por acaso. Mas agora não é hora de conversarmos sobre isso. Deve se esforçar para manter o seu padrão vibratório elevado, querida. Isso irá ajudá-la e também àqueles que estão fortemente ligados a você e sentem muito a sua passagem. E, olha, hoje tenho uma surpresa pra você.

– Mesmo? O que é, Cecília? Diga.

– Vou deixá-la curiosa. Preciso visitar os outros pacientes. Preciso de um tempo um pouco maior. Volto para vê-la mais tarde.

Saí visivelmente satisfeita, por ver a recuperação de Ameli. Do lado de fora, Ângelo e Roberta me aguardavam e, juntos, seguimos em direção aos pavilhões, onde permaneciam muitos irmãos recém-desencarnados. Dentre eles, uma jovem cujo amor não fora correspondido e que se enveredara para o entorpecimento com bebidas cada vez mais fortes. Ângelo ficou penalizado, ao ver o estado da moça.

Tranquilizei-o, lembrando que era realmente muito triste estar diante daquela situação. Mas era preciso confiar na bondade do Pai, que é acima de tudo amoroso e bom.

– Desculpem. Mas me dói o coração.

– Claro que entendemos. Esse é o amor genuíno, Ângelo, o que nos faz nos colocarmos no lugar do outro. Mas não há nada melhor neste momento do que pedirmos forças para a nossa amiga e para todos os jovens que enveredam pelos caminhos da ilusão e do entorpecimento dos sentidos. Vamos envolvê-la em vibrações tranquilizantes.

Ângelo já estava conosco há algum tempo. Também passara por aquela situação e por isso sentiu-se relembrando sua vida, tudo o que passou.

Há cerca de dez anos, fomos chamados para um socorro imediato em uma festa. No ambiente, a bebida corria solta entre os jovens, num ambiente barulhento e repleto de companhias espirituais pouco elevadas. Muitos, ao perceberem a presença da equipe espiritual, apresentavam-se em forma de animais e tentavam atacar como verdadeiras feras.

Confiantes, recorremos à prece, pedindo ao Pai piedade e socorro para aqueles jovens em tão infeliz condição. Em um canto do salão, estava um adolescente, cujo corpo inerte e já rígido denunciava a condição do desencarne de mais um jovem que se entregara ao abuso do álcool. Auxiliando-o e socorrendo-o, a equipe o conduziu ao hospital no plano espiritual, no Pavilhão 12.

Passou por muito tempo em estado de torpor, recebendo tratamento de fluidoterapia até despertar em condição pouco melhor. Ao tomar consciência de sua condição, rebelara-se. O grupo passou muito tempo prestando socorro para que ele se equilibrasse.

– Como vim para este lugar?

– Aqui é um hospital, para onde vêm pessoas que necessitam de tratamento, como você.

– Mas eu não estou doente.

– Podemos falar sobre isso depois.

– Não, por favor. Sinto que preciso saber.

– Você diz que não estava doente. Mas vinha impondo uma condição ruim ao seu corpo físico, com suas escolhas indevidas nos últimos tempos.

– Mas eu sou jovem e...

– Não há idade mínima para se agir com consciência, Ângelo. O mundo está sempre cheio de armadilhas. O direito às escolhas é nosso, mas com elas vêm as consequências.

– Que consequências?

– As consequências naturais a que estamos todos submetidos, no mundo físico e no mundo espiritual, a nossa verdadeira pátria, para onde retornamos quando deixamos o nosso corpo físico.

Momentos de silêncio se fizeram presentes...

– Estão querendo dizer que...

– Quero dizer que você vive agora aqui no plano espiritual.

– Mas meu corpo... Então estou morto. Como pode ser se continuo vivo?

– Claro que está vivo. Todos somos imortais. Apenas o seu corpo físico pereceu. Mas veja, seu corpo perispiritual continua lhe dando a aparência de antes.

Ângelo deu vazão aos seus sentimentos. Cabisbaixo, permaneceu em silêncio por um tempo que foi respeitado.

– Amigo. É hora de olhar para frente e ver que a bondade do Pai é tão grande que nos propicia inúmeras oportunidades para levantarmos e seguirmos adiante. É o que de melhor você pode fazer agora. E nós vamos lhe ajudar.

– Eu agradeço vocês, por tudo. E quero dizer que estou arrependido. Preciso mudar esta minha situação.

Percebendo a condição de Ângelo, senti que bastava para o momento. Ângelo já tinha conteúdo suficiente para meditar a respeito.

– Por hoje basta, meu amigo. Vamos fazer juntos uma prece em agradecimento pela vida, pelas oportunidades que nunca nos faltam, pelo apoio incondicional que jorra dos espíritos de luz em favor de todo aquele que possui um desejo sincero de se melhorar.

À medida que eu falava, do coração de todos os que ali permaneciam com o intuito de ajudar pequenos focos de luz se desprendiam, indo em direção ao jovem socorrido.

Sensibilizados, saímos do quarto e depois de minutos de silêncio, Roberta sugeriu se não seria importante buscar mais informações sobre o caso, com o intuito de melhor ajudar.

– Precisamos descobrir onde ele morava...

– Roberta, o principal nós já sabemos. Vamos oferecer todo o nosso apoio ao Ângelo agora. Ele estando melhor, pediremos oportunidade para vir conosco ajudar outros jovens que desencarnaram em situação semelhante. Ajudando o outro, ele também se reestruturará. É a lei do amor cobrindo a multidão de 'pecados'.

Roberta entendeu mais uma grande lição. Ajudar sempre e sem saber a quem.

Como que a compensar o tempo perdido, em pouco tempo Ângelo já estava frequentando aulas de aprimoramento moral e acompanhando atentamente a equipe de apoio ao socorro, que se afinizava cada vez mais com o passar do tempo. Também percebeu que à medida que pensava mais na dor alheia, esquecia a tristeza que ainda carregava em sua alma.

"Não há como culpar os outros por nossos atos", concluía.

Ao assistir então a jovem Carina, que chegara na espiritualidade em condição similar à sua, não pôde deixar de relembrar todo o seu passado. Mas no fundo, sentia-se melhor do que em vida na Terra, perdido em suas escolhas.

Ao deixar o quarto de Carina, eu, Roberta e Ângelo passamos em visita também no quarto de Ameli. Sentíamos que era necessário muito carinho e apoio a ela.

Visitamos também outros pavilhões e, antes de finalizar o roteiro do dia, retornei com Roberta ao quarto de Ameli, que olhava por uma janela, como se estivesse longe em pensamento. No fundo, daria tudo para poder matar as saudades de seus pais, de sua filha e do grande amor de sua vida.

– Boa noite, como está a minha pupila?

– Tudo bem. Estou me sentindo bem melhor.

– Lembra-se de que lhe prometi algo?

– Sim e estou ansiosa.

– Dê-me a sua mão e me acompanhe.

– Aonde vamos?

– Saberá logo.

Pelos corredores, segui com ela e Roberta até a porta semiaberta da sala do irmão André.

132 | LOURDES MARCONATO

– Entrem! Como vai, minha filha? – disse ele ao me ver acompanhada de Ameli.

– Tudo bem. Esta é Ameli.

– Seja bem-vinda, minha irmã.

– Como está, senhor?

– Ora, não me trate de senhor. Aqui somos todos irmãos.

– Obrigada. É que eu fico ainda meio perdida.

– Em breve você estará totalmente adaptada. Existem experiências que nos exercitam a flexibilidade, a paciência e a humildade. São importantes, como nós todos sabemos. Mas em que posso ajudá-las?

– Lembra que conversamos sobre o caso de nossa irmã Ameli? Vim apenas saber se está tudo certo – eu disse.

– Sem entender, Ameli olhou com ar de suspense para nós e, ao concluir sobre o que conversávamos, exultou:

– Não acredito. Poderei ir ver meus pais e meu marido?

– Ir até lá não, minha irmã. Isso exige condição de equilíbrio espiritual maior. Ir até eles agora atrapalharia todo o seu desenvolvimento, que tem sido muito bom. A emoção desestruturaria a todos eles também. Existe o tempo certo para tudo. Lembre-se da necessidade da paciência.

Ameli baixou os olhos, entristecida.

– Mas há uma forma de vê-los sim!

– Mesmo? Não acredito!

– Mas ainda assim há que nos assegurar que manterá a calma e o equilíbrio.

– Eu prometo tudo que quiserem. Não aguento mais as saudades.

– Confiaremos em você. Sentem-se aqui, ao meu lado, orientou André, acomodem-se. Vejam com atenção.

Em uma tela ligada pelo irmão André, lá estava a baronesa sentada ao lado do barão, tentando alegrar o marido.

— O senhor precisa reagir. Nossa filha, de onde estiver, não ficará contente em vê-lo assim.

— Nossa filha está morta. Deus, esse Deus em quem você acredita tirou-a de mim, sem piedade.

Ameli se esforçava para se manter em equilíbrio, mas lágrimas furtivas e silenciosas lhe escorriam nas faces. Mas não disse nada.

A baronesa explicava:

— Deus não a tirou de nós. Apenas deve ter os seus motivos para tê-la perto Dele. Mas pode esperar, meu marido, um dia estaremos todos juntos.

— Que nada, mulher. Morreu, acabou.

— Então vamos cuidar de nossa neta; ela precisa muito de nós.

Uma pausa foi dada para que Ameli retornasse ao seu equilíbrio, buscando respirar fundo.

— Por favor, agora estou bem. Quero ver novamente.

Agora era a vez de Toni surgir na tela, sentado, à sala de música, olhando para o piano e recordando a música que Ameli costumava tocar. Ali pensava:

"Que saudades, amor. Nada tem sentido longe de você. Você levou minha vida, minha alegria, meu coração."

Ameli abraçou-se a André e disse.

— Obrigada. Vocês são anjos bons que Deus colocou em meu caminho. Se fosse possível ainda queria muito ver minha filha.

— Continue assistindo e verá.

Toni levantou-se, seguiu em direção ao quarto, e lá estava a pequena Catherine.

— Meu Deus, como está linda! Cuide bem dela, querido. Pedirei muito a Deus por vocês! Um dia ainda poderei vê-los aí, bem de perto.

– Bem, Ameli, por hoje é só. Não vão faltar outras oportunidades.

– Está bem, obrigada. Foi muito bom. Sinto-me bem mais leve. Se eu preciso de equilíbrio, vou me esforçar muito para fazer chegar logo o dia de ir até os meus queridos e amados.

– Então vamos agora, Ameli, ainda temos algumas tarefas a realizar – eu disse.

– Você não descansa, Cecília?

– O trabalho aqui não nos cansa. Pelo contrário, é o motivo de nossa verdadeira satisfação. É preciso lembrar que aqui não há a fadiga do corpo físico como na Terra.

– Você é demais. Quero ser assim também, ou parecida.

Todos riram.

– Vamos. Preciso ainda passar para ver Carina. Ela precisa de muito carinho e atenção.

Já no *hall* entre os quartos, aproveitei para orientar o grupo:

– Anadeli, continue com Ameli. Roberta e Ângelo irão comigo.

– Pode ir tranquila.

Mal os três saíram e um chamado repentino fez com que eu reorientasse o grupo:

– Roberta, você fica responsável pela visita à Carina. Eu sigo com Ângelo.

– Vá com Deus.

Fui informada de que deveria em pouco tempo ir ao encontro de Paulo, que ficou no apoio espiritual na casa de Magali.

À frente da casa grande, Paulo tentava acalmar Magali, que estava atacada por intensa agressividade. Tinha visões e falava coisas desconexas.

– Saiam, não tenho nada com vocês. Já falei, não fui eu, deixem-me em paz.

Estava assediada por vários espíritos, irmãos infelizes, que riam e envolviam-na, deixando-a transtornada.

Percebendo a nossa presença, um deles, que se apresentava com aspecto sujo, de barbas e vestindo couro, disse aos demais:

– Essa não, temos companhia. Por essa eu não esperava.

– Tá com medo, Neco? Ficou mole?

– Não, você sabe que não tenho medo de nada e essa dona facilita. É que esses aí não estão de brincadeira – referindo-se ao respeito que impunha nossa presença.

Paulo já tinha experiência com investidas de espíritos como aqueles e fortaleceu a guarda, com a chegada do grupo de resgate.

Ao perceberem a movimentação, intimidadas, as entidades correram, permanecendo apenas uma.

Nos aproximamos de Magali, emitindo fluidos fortalecedores para ajudá-la na recuperação da consciência, desligando-a da influência negativa dos espíritos. O plano era levá-la no momento do sono para receber atendimento mais especializado. Mas permanecia agitada, agarrada ao corpo físico.

Ângelo, eu e Paulo passamos no quarto do casal. O barão dormia, mas, acordada, a baronesa só pensava na filha.

Em seu quarto, Antoni, zeloso, olhava para a filha, deixando-se levar pelo pensamento:

"Como você é linda! Parece sua mãe. Espero que seja como ela também na doçura e na meiguice."

Embalado por este sentimento, adormeceu.

Já havia algum tempo, eu pensava em pedir orientação para levar Toni, durante o sono, ao encontro de Ameli, o que certamente os revigoraria. E a oportunidade era aquela.

Assim eu fiz.

– Não acredito, você está aqui? – reluzindo de felicidade, Ameli se manifesta. – O que aconteceu? Você também deixou a Terra?

– Não, Ameli. Observe. Este cordão liga Toni espírito ao seu corpo físico, que neste momento repousa na Terra – expliquei a ela.

Toni estava ainda meio sem entender. Achava que apenas sonhava.

– É você mesmo, amor? Como você foi embora e agora está aqui? Você morreu!

Impressionada com o fenômeno, Ameli demorou para responder:

– Toni, você veio até aqui me ver. Veja, estou viva!

– Minha nossa!

Num abraço demorado, os dois permaneceram em silêncio, esvaindo as saudades que tanto sentiam.

– Não posso viver sem você.

– Calma, meu amor. Procure entender. Tenho aprendido realmente que a vida é muito mais do que a estreita visão que temos quando encarnados.

– Que lugar é este, Li?

– Uma colônia espiritual. Existem muitas delas. São as diversas moradas onde ficamos quando a gente vem aqui para o outro lado da vida. Pelo que aprendi, a nossa verdadeira vida, Toni.

– Você está bem!

– Estou aprendendo muito. Tem muita lógica tudo isso. Toni, temos a eternidade para ficarmos juntos.

– Com quem tem aprendido tudo isso?

– Com todos com quem tenho convivido aqui. Trabalha-se muito aqui. Mas todo mundo ama o que faz!

– Não quero mais sair daqui.

– Tenho aprendido que não adianta forçar a barra diante do que a vida oferece para a gente, Toni. Eu pude ver à distância. Nossa filha está linda! Ela precisa de você. Faça isso por nós. Estarei sempre aqui.

– Quero me lembrar de tudo que vi aqui com você, meu amor.

– Pelo que já entendo, Toni, ao acordar, nós muitas vezes esquecemos o que vivemos em espírito, longe do corpo físico. Se lembramos, no que chamamos de sonho, muitas vezes é apenas uma parte. Mas não importa. A alegria deste momento ficará conosco, querido.

Antoni foi levado de volta ao corpo físico, acordando com a sensação de que tinha estado com a esposa.

Ao encontrar o sogro, no café da manhã, foi interceptado:

– O que aconteceu, Toni? Acordou animado!

– Tenho a impressão de que estive com a Li. Isso me fez acordar com o coração mais aliviado.

– Você também com essa história! Ela está morta. Acabou, meu genro.

– O senhor tem razão. Deve ter sido um sonho apenas.

Todos se reuniram para o desjejum, quando Magali chegou.

– Filha, como está?

– Bem, pai, acho que dormi muito.

– Mas dormi agitada. Sonhei que gritava, que havia pessoas estranhas rindo de mim.

– Como? Mas aqui não teve ninguém.

– Então devem ser os meus demônios.

– Credo, Maga, não fale nessas coisas! – disse a mãe.

– E você, Toni, parece que já nem sofre tanto a falta de Ameli. Vai ver já deve tê-la esquecido!

– Nunca! Isso você nunca vai ver acontecer.

– Bobagem. Ameli já não está mais aqui. Está na hora de você...

– Basta, Magali. Para mim, ela não vai deixar de existir. É como se ela continuasse viva e não pretendo casar--me de novo.

– Credo, não precisa ficar nervoso.

– Magali, pare de atormentar o Toni.

– Eu sei que vocês estão sempre contra mim.

– Porque você me provoca.

Magali pensava com raiva:

"Um dia eu o conquistarei. Espere, Toni, e verá."

Terminado o café, todos saíram. O barão pediu que selassem o cavalo; precisava cavalgar pela fazenda.

A casa vivia sua rotina. Ao piano, a baronesa tocava pela manhã. Toni se entretinha com os cuidados com Catherine e algum tempo depois saiu para visitar o pai.

Catarina era só dedicação junto à criança. Cathe, como a chamava, lembrava Ameli, que criara como filha.

# 14
## A realidade de cada um

NO PLANO ESPIRITUAL, Ameli aprendia com muita facilidade tudo o que lhe era transmitido, inclusive nos cursos que já frequentava.

— Querida, temos um trabalho a realizar e você está convidada a nos acompanhar, eu disse a ela.

— Nossa, mal nosso esperar, Cecília.

— Então vamos, prepare-se.

Eu, Roberta e Ameli saímos sem recorrer a nenhum meio de transporte. Na verdade, todos volitavam, se deslocavam sem andar, suspensos no ar, bem próximos ao solo, movidos pela vontade.

— Gostei. Vou poder fazer isso sempre?

— Ameli, lembra-se de Jesus? "Vós podeis fazer o que eu faço e muito mais!". Pena que a nossa fé costuma ser menor do que um grão de mostarda!

Amistosamente, todos olharam para a nova participante do grupo de trabalho rindo e satisfeitos por ela estar junto.

– Me sinto cada vez melhor! É muito bom estar aqui com vocês.

– Que bom. Também estamos felizes.

– Vocês podem ir e vir visitar os seus familiares na crosta terrestre quando quiserem? – perguntou Ameli, interessada em saber também sobre seu futuro ali na colônia.

– Não, querida. Precisamos de autorização.

– Não sabia.

– Tudo aqui é muito organizado. Existe uma coordenação a que procuramos seguir, para o nosso bem e para o equilíbrio de toda a estrutura. Lembra-se do irmão André?

– Entendi. Em cada pavilhão existe um instrutor ou coordenador.

– Isso mesmo.

– E agora, estamos indo para aonde?

– Saberá logo. Observe, veja se reconhece os lugares.

– Hum! Parece que reconheço. Me faz lembrar... o local onde eu morava – disse Ameli, depois de uma significativa pausa.

– Acertou. Estamos indo fazer uma visita para os seus pais.

– Meu Deus, e só agora vocês me avisam. Estou muito feliz.

– São cuidados para que você não se agite mais do que o necessário!

– Prometo comportar-me direitinho.

Chegando à fazenda, a equipe logo encontra a baronesa no jardim, que se entretinha ao mesmo tempo em que dava atenção à pequena Cathe.

– Meu Deus, que emoção.

Ameli se aproximou da mãe e, dando vazão à imensa saudade, depositou um carinhoso beijo em seu rosto. Como se uma brisa perfumada tivesse repentinamente impregnado seus sentidos, a baronesa assustou-se, levando a mão ao rosto:

– Meu Deus, se eu contar que senti alguém me dando um beijo, vão achar que eu enlouqueci – sussurrou a baronesa, fazendo com que o grupo espiritual ali presente risse de sua espontaneidade.

Profundamente emocionada, Ameli chegou mais perto de Catherine, envolvendo a criança em um amoroso abraço.

Sentindo as elevadas vibrações, Catherine virou-se e disse:

– Mamãe...

– O que foi, filha, o que você disse? – derretendo-se, Ameli não se conteve:

– Meu Deus, ela percebeu a minha presença!

Com o coração disparado, Ameli não conseguia controlar as lágrimas.

– Queria muito que ela me visse, Cecília.

– Vamos com calma, Ameli. As emoções exageradas podem pôr tudo a perder. Não se esqueça de que todos ainda estão se estruturando – lembrei-a.

– Mas venha. Alguém poderá nos servir de medianeira.

– Quem?

Dentro do casarão, Catarina se movimentava em torno dos preparativos do almoço. Mas foi adentrarmos o ambiente e logo a boa auxiliar notaria a nossa presença:

– Minha menina, você voltou...

– Ameli olhou entendendo que Catarina possuía o dom de vê-la em espírito.

– Ela está me vendo?

– Sim, Catarina possui a capacidade de perceber os espíritos. É médium. Fale com ela.

– Bá, querida, que saudade! – Ameli abraçou com todo carinho aquela que lhe cuidara desde o nascimento.

– Lágrimas de saudade, de tristeza, mas também de felicidade, por vê-la tão linda, escorriam pelos seus olhos.

– Como Deus é bom; trouxe você de volta.

– Vim fazer-lhes uma visita. Como estão todos?

– Sua mãe, conformada; sua filha, preenchendo o vazio que você deixou; seu pai, revoltado. Seu marido, entristecido ainda, mas está aceitando. Todos nós sentimos muito a sua falta.

– Não sei lhe explicar, Catarina, mas no fundo eu sabia que mais cedo ou mais tarde isso iria acontecer! Não vamos falar de perdas, mas de como estou feliz por poder estar aqui matando as saudades! Preciso também ver o Toni.

– Está no salão de jogos. O lugar em que ele sempre fica meditando, minha filha!

– Vou até lá vê-lo.

– Vamos, Cecília – chamou-me Ameli.

– Sim, mas esteja bem – tornei a lembrá-la.

Toni estava sentado à mesa, cabisbaixo. Ao aproximar-se, Ameli percebeu que em seus pensamentos a dor das saudades o machucava.

"Querida, hoje principalmente estou sentindo muito a sua falta. Às vezes penso que tudo isso é um sonho, que você não morreu. Ao contrário. Está viva aqui ao meu lado. Você não pode não existir mais, como diz o seu pai. Meu Deus, isso seria muito injusto!"

– Toni, estou aqui, querido, viva.

Ameli se aproximou e o beijou com carinho. Não tendo a capacidade mediúnica como Catarina, Toni apenas pôde sentir que algo diferente acontecia naquele momento.

"Meu Deus, estou sentido seu perfume; o perfume das flores de que ela tanto gostava. Isso só pode ser uma resposta para mim. Sim. Ela continua viva. Claro, viva. Por que não? Viva, mas em outro lugar. E estará sempre presente em meu coração."

Todos se abraçaram emocionados. A visita à casa grande rendia bons frutos até o momento. Nossa presença ajudava a elevar a esperança e a certeza de que ante as leis divinas, nada se perde. Tudo segue o regimento Maior.

– Obrigada, minha amiga. Você me entende. É difícil segurar as lágrimas... – justificou-me Ameli, e no momento em que a vi emocionada, abracei-a.

– Você está indo muito bem, Ameli.

– Agora entendo por que André me recomendou paciência. Eu só teria piorado tudo, se tivesse vindo vê-los antes de todos estarmos melhores.

– Sim, Ameli, a natureza não dá saltos e em tudo há troca de vibrações. Inúmeras vezes é preciso saber aguardar um pouco mais para o encontro com nossos afetos e desafetos. Mas agora precisamos ir. Temos muito que fazer.

– Nossa, Cecília, veja, já se passou muito tempo. Catherine já está até falando.

– O tempo é muito relativo, Ameli, principalmente quando vivemos fora do corpo físico.

– Cecília, ainda tenho tanta coisa para aprender!

– Sim, mas fique tranquila, você está aprendendo tudo muito rápido. Quem sabe hoje mesmo poderemos visitar outros pavilhões e ministérios – orientei.

– Cecília, antes, gostaria de saber como está minha irmã. Preciso vê-la.

– Acha que está preparada?

– Claro, nunca tive nada contra ela. Só nunca entendi...

– Vamos, então – interrompi – tentando evitar que Ameli se desgastasse com lembranças que nada ajudariam naquele momento.

– Você é corajosa – disse Roberta, que até o momento permanecera em silêncio, ligada aos irmãos superiores, pedindo muita luz para todos os envolvidos naquela trama familiar.

No quarto de Magali, estava tudo revirado e ela permanecia com o olhar distante, falando coisas desconexas.

– Não é justo. Fiz de tudo pra ficar com ele e agora ele me despreza. O que será que a bruxa da minha irmã fez com ele para dominá-lo desse jeito?

Ameli se assustou.

– Meu Deus, como pode Magali carregar tanto rancor dentro de si! Nunca fiz mal algum para ela... Realmente eu não entendo.

– Ameli, você deve se fixar em como ajudar Magali e lembrar que aquilo que julgamos o mal é apenas a ausência temporária do bem. Todos nós seguimos rumo à evolução. Ela vai mudar. Vamos trabalhar para ajudá-la.

Por enquanto, Paulo cuidará dela.

Já no jardim, em meio às flores que tanto inspiraram Ameli, as três se lembraram de agradecer a Deus as bênçãos da vida, do amor e do auxílio que todos recebiam.

– Como Deus é maravilhoso, Cecília!

– Sim e sua perfeição se revela nas menores coisas e sua sabedoria não permite duvidar de sua justiça, nem de sua bondade.

A prece caiu como um bálsamo no coração de Ameli, que sabia ter muita coisa ainda a descobrir, mas o sentimento de respeito aos desígnios do Pai que cada vez mais aprendia a admirar fez com que ela se calasse e retornasse reflexiva.

De volta à colônia, as três foram ver Carina, saber um pouco mais sobre a evolução de seu quadro diante do tratamento.

– Como está, minha menina?

– Vou indo. Ainda estou meio tonta. E meio perdida. Não sei o que estou fazendo aqui.

– Está no hospital-colônia.

– Como assim? Eu não estava doente. O que aconteceu comigo?

– Você não se lembra de nada?

Eu observava aquela menina de olhar triste e meditava se ela estaria preparada para saber sobre a sua nova condição.

– Quem é você? – perguntou a moça.

– Sou coordenadora deste grupo de auxílio. Ainda há outros companheiros que não estão aqui comigo agora. Na verdade, estão trabalhando, ajudando outros amigos que precisam de auxílio, como você.

– Não pode fazer nada. Sou um caso perdido.

– Não deve pensar assim. É preciso lutar, sem desanimar.

– Não sei o que fazer neste lugar estranho. Onde está minha mãe? E meus amigos?

– Quantas perguntas, minha amiga. Antes de respondê-las, eu gostaria de dizer que este lugar existe graças às bênçãos do nosso Criador, nosso Pai amoroso, justo e bom, que sabe como ninguém de nossas fraquezas e necessidades. Sabe tão bem que através de seus emissários, nos oferece auxílio incondicional, principalmente nas horas em que mais precisamos.

O olhar vagueado da menina aos poucos deu lugar às lágrimas. Depois de muito tempo, se sentia no direito de receber o auxílio que lhe era oferecido.

– Achei que não tinha o direito...

– Não importam os nossos enganos – interrompi o que seria um cordão de lamentações que nada auxiliaria Carina.

– Onde quer que eu esteja, sinto que aqui ficarei melhor! Mas preciso que vocês saibam... Não acho justo me ajudarem assim sem saber... Preciso contar o que vem me martirizando... Digo a vocês que estou arrependida. Preciso contar sobre mim para me sentir melhor.

– Carina, você começa a entender a maravilha do mecanismo da vida. Já percebe que o nosso maior juiz está dentro de nós mesmos. É a nossa consciência.

– Eu nasci numa família com muitas posses. Tenho dois irmãos mais velhos, que foram estudar no exterior. Papai teve destaque em sua vida de empresário, viajando sempre muito. Quando não viajava, estava em reunião, ou com os amigos. Minha casa vivia em festa. Eu, que não tinha idade para participar das reuniões, ficava sempre em casa.

Com os olhos entristecidos, Carina continuava:

– Agora percebo o quanto nossa vida em família era vazia! Não tenho vergonha de dizer que sentia sim falta de atenção e carinho de meus pais. Eu me sentia só. Quando fiz dezessete anos, comecei a frequentar alguns eventos com meus pais, onde acabei conhecendo o Roberto.

Tivemos outros encontros até que, um dia, uma das moças que eu conhecera nos convidou para a comemoração do seu aniversário. Meus pais estavam viajando e, depois de eu insistir, deram-me permissão para que eu fosse à festa. Tudo estava maravilhoso. A festa já estava chegando ao final, quando Roberto insistiu para que eu brindasse com ele a bela noite. Aquele contato com a bebida foi a porta de entrada para a situação na qual me encontro agora.

– Você estava apaixonada pelo Roberto?

– Sim, isso é o que me deixava mais dividida. Ele gostava quando eu bebia. Talvez porque eu ficasse mais solta.

– E seus pais, ficaram sabendo?

– Tentei falar com minha mãe, mas não tínhamos um caminho que me facilitasse falar sobre assuntos mais íntimos. Suas reuniões sociais era o que tinha de mais importante. Ela nunca estava disponível. Papai não percebia. Mas, aos poucos, as próprias bebidas que mantinha em casa ajudavam a manter a minha dependência, cada dia mais desenfreada.

Carina estava em prantos.

– Calma, querida, assim não conseguiremos ajudá-la. Agora, Carina, descanse.

Com a transmissão de energias benfazejas, Carina se tranquilizou e pôde dar continuidade ao diálogo.

– Estou bem melhor. Obrigada pelo apoio de vocês.

– Demos um grande passo para a sua recuperação hoje – pontuei, avisando que no dia seguinte lá estaríamos.

Já em outro pavilhão, antes de entrarmos em grande pátio, nós três nos colocamos em prece, fortalecendo, através dos eflúvios do Alto, a condição de que dispúnhamos para auxiliar.

Ao entrar, Ameli se assustou com o número de crianças.

– Não imaginei que fosse encontrar crianças aqui. Penso na dor de tantas mães, ao se separarem delas no plano terrestre.

– Ameli, você precisa analisar as coisas pelo verdadeiro lado da vida. Estes espíritos passaram pela bela oportunidade da vida, embora tenham retornado em tenra idade para a nossa verdadeira morada. Você há que lembrar que toda experiência nos torna melhores do que fomos e não há efeito sem causa.

– Mas em se tratando de criança, meu coração fica um tanto partido!

– Antes de serem crianças, são espíritos em sua caminhada evolutiva. Estagiam aqui apenas para se recompor, recebendo tratamento para a retomada de consciência, como espíritos 'adultos' que são. Cada um a seu tempo.

– Todas necessitam passar por esse estágio?

– Absolutamente. Existem as que já retornam mais conscientes de sua condição de espírito.

– Ameli, agora, por favor, acompanhe Roberta. Ela lhe mostrará outras crianças.

Segui em direção aos quartos, tendo à frente a pequena Natali, que havia feito a passagem recentemente em um acidente. Aproximando-me, transmiti-lhe vibrações revigorantes, reativando-lhe a memória. Neste momento, o enfermeiro Marcos adentrou o ambiente.

– Como está, minha amiga?

– Bem, graças a Deus, e você?

– Feliz pelo trabalho que aqui realizamos. Natali vem evoluindo. Logo mais deve despertar.

– Sim. Sinto que não demora!

– Fomos há pouco chamados para reforçar a equipe de resgate, que parte logo mais para socorro na crosta terrestre.

– Se precisar de auxílio, posso pedir permissão para partir junto com vocês.

– Seria muito bom, Cecília. Veja se consegue. Enquanto isso, vou tomar outras providências. Marcamos de nos encontrar na entrada do próximo pavilhão.

– Combinado.

– Solicitarei também apoio do grupo socorrista.

Em pouco tempo, o grupo de apoio espiritual se aproximava do local onde dois trens haviam se chocado. Muitos jovens que retornavam das férias para suas casas se envolveram naquele triste acidente.

– Não há nada melhor a fazer do que nos lembrarmos de que estamos aqui para servir. Permaneçamos em sintonia com os espíritos superiores. Nosso equilíbrio nesse sentido é que garantirá o sucesso de nossa empreitada.

Chegamos ao local com os grupos, cada um assumindo o seu posto. De nossa parte, muito carinho e vontade sincera de ajudar inúmeros irmãos que ali encontravam o fim de sua jornada na Terra, naquela encarnação.

Outros, feridos, já recebiam o socorro da equipe de resgate da Terra, além das emanações fluídicas da equipe espiritual.

Terminado o trabalho, com o acolhimento dos desencarnados pela equipe socorrista e o encaminhamento para o hospital espiritual Maria de Nazareth, retornei ao plano espiritual com a satisfação do dever bem cumprido.

"Cada vez mais saio de missões como esta com leveza em meu coração. Se olhar pelos olhos de quem fica no plano terrestre, são inúmeros irmãos que acabam de atravessar os portais da morte. Mas o que são alguns acontecimentos na vida de cada um de nós, espíritos, viajores no tempo e no espaço? Cada vez mais vejo a beleza das leis naturais, que emanam do Pai a nos oferecerem tantas oportunidades de aprendizado e crescimento. O que é a morte, senão uma passagem natural, o retorno à nossa velha casa, depois de um longo tempo de viagem?", eu meditava, agradecendo ao Alto, enquanto avaliava o trabalho realizado.

Algumas horas passadas, Roberta chegou com Ameli.

– Procuramos por você e não sabíamos onde estava.

– Parti em uma missão para a crosta terrestre. O que desejam de mim? – perguntei.

– Fomos visitar os internos do Pavilhão 4 e encontramos Ângelo, que já havia retornado com Paulo. E como deixaram Magali?

– Disseram que a deixaram bem.

– Onde eles estão agora?

– No Centro de Reativação da Memória, em atendimento a um recém-desencarnado.

– Sabem quem é?

– Não sabemos. É bem jovem.

– Qual foi a causa?

– Acidente por atropelamento. Ângelo e Paulo estão trabalhando intensamente nesses dias.

Neste momento, Marcos adentra a sala em que conversávamos.

– Cecília, venha comigo. Quero lhe mostrar algo.

– Ameli e Roberta, vocês já têm as instruções de serviço a seguir. Vejo vocês mais tarde.

Acompanhando o enfermeiro Marcos, segui os corredores até entrar na sala indicada, sentando-me à frente de um aparelho, onde lhe fora colocada uma cadeira.

– Sente-se, minha amiga, e veja com atenção. Olhe para a tela – orientou-me.

Atenta, acompanhei as imagens de crianças que brincavam em um lindo parque.

– Quem são, Marcos?

– São crianças do jardim das hortênsias que participam, como parte da terapia a elas aplicada, da preparação de uma recepção para a chegada de outras que já estão a caminho, no Comboio 49, vítimas da guerra.

– Quem são os coordenadores?

– A irmã Letícia e o André.

– Muito lindo. Nada como o amor em forma de luz, flores e cânticos para ajudar a apagar da memória destes espíritos que retornam todo o sofrimento por que passaram.

– Realmente eles mostram toda a dor e sofrimento. E de nossa parte, todos os que ajudam, nesta e em outras iniciativas, no fundo são os maiores ajudados.

– Ainda mais num trabalho deste. Ameli, se estivesse aqui, estaria toda comovida.

– Sim, mas sempre é bom lembrar que por trás da ingênua imagem de uma criança há um espírito com inúmeras experiências, e com todas as suas imperfeições, no caminho do aprendizado.

– É uma verdade que não podemos esquecer.

# 15
## Nas teias da obsessão

NEM BEM AMANHECIA, Roberta e eu, e desta vez também o jovem Igor, adentrávamos o grande casarão na crosta terrestre, encontrando quase todos da casa dormindo. Só Magali não conseguia conciliar um sono tranquilo. Vivia amargurada. Embora recebesse todo o apoio dos espíritos responsáveis pela proteção daquele lar, não conseguia desfrutar das energias benéficas disponíveis, dada a lei de sintonia pelas ideias de vingança que ainda nutria, fazendo-se envolvida pelos espíritos que se identificavam com desarmonia e arruaças.

– Cecília, ela não vai se libertar desses espíritos? – perguntou-me Roberta.

– Enquanto tiver ódio e ressentimentos, os terá sempre por perto.

– A causa de tanto desamor e perturbação é a falta de Deus no coração. Se as pessoas pudessem ver o que acontece quando cultivam esses sentimentos, tomariam mais cuidado.

– Eu estava ouvindo e pensando. Eu era um desses que achava que era preciso se vingar de quem quer que nos desagradasse – Igor identificou.

– E só depois você aprendeu a lição.

– Tarde demais, Cecília.

– Nunca é tarde para amar ou para perdoar.

– Nem gosto de falar sobre o que aconteceu, arremata Igor, sem querer se estender em sua história.

Quando jovem, não aceitava ser insultado; qualquer coisa, ele revidava, ganhando a fama e o respeito por parte de seus amigos. Mas foi na saída de uma das festas que frequentava, regada a muita bebida, que Igor resolveu revidar a um insulto, partindo para cima do ofensor, sendo a seguir ferido de morte e arrebatado de volta ao plano espiritual.

– Agora, então, vamos fazer alguma coisa para mudar a situação de nossa querida Magali – conclamei.

– O que podemos fazer? Veja! Nós aplicamos passe, a envolvemos em bons fluidos, mas o seu pensamento é como um ímã, atraindo obsessores – rebate Igor.

– A lei divina funciona de maneira perfeita. Ninguém demove o direito do outro de fazer suas escolhas. Devemos continuar inspirando Magali para que mude os seus anseios, para que coloque novamente o rumo de sua vida em suas mãos, rompendo essa interferência que facilmente acata dos espíritos que se comprazem com o mal. Enquanto tiver suas principais ações focadas na vingança, não conseguirá avançar muito. É uma questão de escolha.

Passaram-se vários dias. Ameli progredia cada vez mais no trabalho assistencial. Já participava de inúmeras visitas, com seu coração cada vez mais iluminado, onde estivesse. Sua dedicação junto às crianças a iluminava ainda mais.

No plano terrestre, Magali continuava irredutível, em sua atitude doentia de desejo de possuir Toni para si. Até que, naquela madrugada, dormiam todos, quando gritos foram ouvidos.

– Escute, Antunes, é nossa filha.

– Parece que os gritos vêm de lá do quarto dela. Vamos ver.

– Magali, o que aconteceu?

– Saiam daqui, eu odeio vocês, saiam.

– Calma, filha, só queremos ajudá-la.

– Não quero a ajuda de ninguém. Eu quero o Toni e ele será meu.

– Pare com isso, Magali. Você sabe que ele...

– Não quero ouvir mais sobre ele e Ameli – interrompeu Magali. – Ela morreu, eu a matei. Agora ele é meu.

– Meu Deus, essa menina não sabe o que está dizendo.

– Eu sei, sim. Fui mais forte que ela. A santinha foi embora, eu a matei. – Magali assim dizia e se balançava toda, mostrando verdadeira insanidade.

A cena era acompanhada na espiritualidade por Ameli, através da tela transmissora. Penalizada com o estado da irmã, Ameli não podia deixar de se entristecer.

– Ameli, não se deixe levar por estas palavras – recomendei, observando, ao seu lado, sua reação.

– Estou bem, só estou triste; não queria que fosse assim.

– Vamos pedir a Deus por ela, para que seja envolvida em muito amor.

Mais tranquila, Magali adormeceu, mas esta harmonia teve pouco tempo de duração. Reduzira de tal forma os objetivos de sua vida àquele capricho que não permanecia mais por muito tempo longe das influências negativas dos espíritos que se mantinham naquela faixa de vibração.

– Se ele não for meu, vou matá-lo, como matei minha irmã.

Chorava e ria ao mesmo tempo.

– Filha, esqueça sua irmã. Deixe-a em paz. Sabe que ela já não está conosco, Magali. Ameli está com Deus.

– Será mesmo, ou está no inferno?

– Credo, Magali, não fale assim. Sua irmã nunca mereceu este ódio. Ela sempre te amou.

– Viram? Tirei-a de vocês. Agora, são obrigados a me amar. Eu sou forte. Eles me ajudaram.

– Eles? De quem está falando?

– Desses homens que estão aqui. E agora eles vão me ajudar a trazer o Toni para mim. Eu vou conseguir.

Toni entrou e ouviu.

– Nunca ficarei com você. Entenda, Magali.

– Você é quem escolhe. Ou fica comigo, ou morre, como morreu a sua amada. Eu não disse que a felicidade de vocês duraria pouco?

– Você é louca. Não fico mais um dia nesta casa.

– Não, Toni, você não pode ir embora. Por favor, não podemos ficar sem a Cathe e sem você.

– Sinto muito, senhora, mas não dá para ficar aqui, perto desta louca. Se ela foi capaz de dar um certo chá durante meses para Ameli envenenando-a, o que não será capaz de fazer conosco. Sem contar com todo o resto que vocês já sabem...

Pálida e se sentindo mal, a baronesa segurou-se no apoio do sofá e deu vazão às lágrimas.

Controlando as emoções, o barão tentou acalmar o genro.

– Calma, Toni, temos planos para o futuro. Você é como um filho, não faça isso!

– Desculpe, meu sogro, mas parto agora mesmo.

Magali pôs-se a gritar.

– Não pode ir. Irei com você. Você é meu. Eu te amo.

– Chega, já ouvi demais. Tirem essa louca de perto de mim.

– Cecília, por favor, o que podemos fazer? Se Toni for embora, o que será dos meus pais?

– Ameli, vamos vibrar por eles com confiança, pedindo ao Pai que seja o melhor para todos. Que seus pais fiquem bem, mas que também Toni e Cathe permaneçam em segurança.

– Meu Deus, não pensei nisso. Ela não conseguiu tirar o ódio do coração.

Toni saiu e Magali se revoltou ainda mais com todos. Gritava tanto que os deixava aflitos.

– Eu odeio todos vocês. Atearei fogo nesta casa e matarei todos. Assim, fico livre.

O barão e sua esposa, abraçados, choravam, sem saber o que fazer.

– Precisamos fazer alguma coisa. Nossa filha está fora de si. O ciúme a está destruindo. Chamarei o médico.

– Faça isso logo, Antunes. Rápido, antes que seja tarde.

Catarina, ouvindo tudo, pensava:

"A sinhazinha está possuída pelo mal. Preciso rezar por ela. Coitado do sinhozinho Toni, não teve sorte.

Perdeu a mulher e agora precisa ir embora! Meu Deus, *ajuda* ele. E como vamos viver sem a Cathe, que era a alegria desta casa?"

O dia foi cansativo. O médico atendeu ao chamado, mas Magali recusava-se a recebê-lo; continuava gritando, chorando e rindo. Vendo a situação da moça, o médico se posicionou:

– Senhor barão, sua filha não está bem. Se ela continuar assim, sugiro que a internem. Se ela se recusa a ser examinada, o que posso fazer, de imediato, é indicar um calmante. Mas fiquem atentos, pois o quadro pode piorar.

– Não nos assuste, doutor.

– Estou falando sério. Ela não está em seu juízo perfeito e, pessoas assim fazem coisas sem pensar. Tomem cuidado e podem me chamar a qualquer hora, se precisarem.

– Obrigado, doutor.

A medicação fez com que Magali se acalmasse, passando o resto do dia em relativa paz.

# 16
## Aprendendo a amar

PASSADO ALGUM TEMPO, Ameli já atendia com desenvoltura os irmãos recém-desencarnados que chegavam necessitando de auxílio. Um deles acabara de entrar, ainda inconsciente, quando foi chamada para ajudar a prestar um socorro.

Roberta e eu a convidamos para seguir junto a nós à crosta terrestre. Ameli, mais do que depressa, partiu junto.

– De novo, na minha casa? O que foi agora?

– Sua irmã. Investiu contra o Toni... e

– Como? Não entendi.

– Ela foi à procura de uma pessoa que entrara na fazenda, muito tempo atrás, à procura de serviço.

– Lembro-me, um estranho que entrou certa vez em nossa casa.

– Pois Magali o encontrou, trabalhando na fazenda vizinha, contratou e...

– Já posso adivinhar! Meu Deus! – interrompeu Ameli.

– Um dia antes, Magali procurou por Toni, que novamente a desprezou, dizendo ser ela a última mulher com quem se casaria no mundo. Toni não valorizou o risco que corria. No dia seguinte, seu pai o chamou para falarem de negócios. Ao sair de sua casa, o estranho estava à sua espera, de tocaia no caminho, disparando contra Toni e o ferindo no ombro – narrou Cecília.

– E ele, está bem?

– Se você se esforçar, conseguirá vê-lo.

– Como poderei vê-lo, se está longe?

– Concentre-se.

As três rapidamente se transportaram até o casarão do senhor Sandoval, lá encontrando Toni deitado, com o braço já enfaixado.

– Vou deixá-la com ele e seguirei para ver sua irmã.

– Obrigada, Cecília.

Roberta e eu não demoramos a saber que, depois de combinar com o estranho homem o acerto do crime que felizmente não acontecera, Magali voltou para casa, como se nada estivesse acontecendo. Foi para seu quarto e esperou, ansiosa, por alguma notícia.

À noite, à hora do jantar, seu pai comentava:

– Não entendo. Toni é um homem bom. Difícil imaginar que alguém tenha alguma coisa contra ele.

– Toni morreu?

– Quem falou em morte, Magali?

– Desculpe-me, eu pensei que...

– Você não tem nada a ver com isso, não é?

– E se tivesse, papai?

– Magali, você não pode ser tão cruel. Eu não criei um monstro!

Cabisbaixa e falando entre dentes, Magali resmungava... "Ele está vivo, sabia que esse maldito que contratei não iria acertar!"

– O que você disse?

– Nada, só pensei alto.

– Vou mandar investigar esse atentado, Magali. Se você tiver alguma coisa a ver com isso, não imagina do que sou capaz!

Magali não deu atenção e saiu para seu quarto, desafiando a autoridade paterna.

"Não consegui desta vez, mas ele não perde por esperar. Aquele imprestável vai ter que fazer o serviço completo. Para isso eu paguei caro."

Eu acompanhava o quadro com Roberta, observando que espíritos com ideias malévolas instigavam a menina para que se vingasse a todo custo de Toni.

Magali passou o resto do dia extremamente ansiosa. Teve sono agitado e já, pela manhã, saiu à procura do serviçal em disparada, montada em um cavalo bravo. Transtornada pela ideia fixa que já era maior do que qualquer outro ideal mais nobre de vida, Magali só pensava em correr e correr cada vez rápido para tirar satisfação com o contratado que falhara no serviço. Num descuido, Magali passou direto sem acompanhar uma curva, caindo em disparada no penhasco da estrada, sem conseguir controlar o animal.

– Pedro, sabe da minha filha?

– A sinhá pediu para eu selar o cavalo e saiu.

– Como? Mas sem minha ordem, sem falar nada?

– Ela só me falou que queria o Malhado, e faz tempo, *sinhô*.

– Você viu para que lado ela foi?

– Lá *pro* lado do penhasco.

O barão saiu pisando forte e rapidamente estava já à beira da estrada, avistando do alto Magali e o cavalo no meio das árvores. Logo pediu ajuda ao cocheiro e a outros empregados.

Roberta e eu acompanhávamos o resgate, percebendo o grande número de espíritos que seguiram a jovem.

– Roberta, vamos partir para o socorro necessário. Ela precisa se desvincular rapidamente dessa influência.

Todo esforço fora dedicado para que Magali, em espírito, fosse socorrida, mas sem que atendesse ao chamado da equipe socorrista que se fazia presente, seguiu junto ao grupo de espíritos que tanto a atormentavam.

Desesperado com mais uma perda, o barão abraçou-se ao corpo inerte da filha:

– O que farei agora, sem minhas filhas? Deus não podia ter feito isso comigo.

Nós duas nos aproximamos do barão, procurando transmitir-lhe fluidos de equilíbrio, fazendo com que ele se acalmasse, conseguindo levar com Pedro sua filha até sua casa.

Já antevíamos o momento de contar para Ameli o acontecido, que ao lado de Toni se desvelava, para que ele rapidamente pudesse se recuperar dos ferimentos em seu braço.

– Como eu gostaria de estar com você como antes, meu amor. Mas temos o que é preciso. Devemos ficar felizes!

Ameli não percebeu a nossa chegada, tal era a sua concentração.

– Tudo bem, amiga?

– Vocês estão aí? Nem percebi.

– Percebemos. E o Toni, como está?

– Bem, graças a Deus, e vocês?

– Ameli, se Toni está bem, temos outra missão a realizar.

– Tudo bem na fazenda?

– Tudo bem com seus pais, mas Magali...

– O que foi, Cecília? – Ameli me interrompeu.

– Sua irmã foi a mandante do atentado contra Toni. Não tendo o êxito que esperava, saiu a cavalo em disparada, não se sabe por quê, e caiu no penhasco próximo da fazenda. Tentamos resgatá-la, mas não foi possível.

– Meu Deus, para onde Magali foi levada? Peço a ajuda de vocês. Precisamos ajudá-la!

– Ameli, não convém partirmos para lá no momento. Será preciso auxílio de equipe especializada.

– O que eu posso fazer para ajudá-la?

– Orar bastante, amiga, para que ela consiga se libertar dos seus algozes.

– Preciso vê-la.

– Calma, Ameli. A primeira coisa a fazer é ajudar os seus pais. Eles vão precisar de muita força.

Já na fazenda, nós três encontramos o casal inconsolável. A perda de mais uma filha minava-lhe as forças. Envolvendo os pais em muito amor, abraçada a eles, Ameli se esmerava em doar boas energias.

Sentida por tudo o que ocorrera, pelas ações infelizes de sua própria irmã, Ameli retorna junto com a equipe para o plano superior. Ainda tinham muita tarefa a cumprir. Restava agora aguardar a recuperação dos pais e também de Magali.

O trabalho e o tempo foram seus dois aliados. Ela se entregou intensamente à tarefa, fortalecendo sua fé e seu desejo de servir.

Ameli está em seu aposento, absorta em suas orações.

"Senhor, sou sua filha. Estou aqui. Ajude-me a servir e a não cair em tentação; livre-me do mal; dê-me forças e coragem para ajudar a todos que necessitam. Ajude-me a ser o bálsamo para confortar os que sofrem, luz para iluminar os que estão na escuridão. Obrigada, meu Pai."

– Com licença.

– Entre, Cecília, você é bem-vinda.

– Como está, Ameli?

– O trabalho tem me fortalecido.

– Isso é muito bom. Vim buscá-la para uma missão.

– Estou pronta.

– É assim que eu gosto!

– Para onde vamos?

– Para uma colônia-escola. Aguarde e você vai gostar.

– Onde está Anadeli?

– Está à nossa espera, com o grupo.

– Que bom. Fazia tempo que não a via!

– Ela segue agora conosco, depois de finalizar importante tarefa.

O grupo se reuniu e seguiu para a nova frente de trabalho.

Lá vários pequeninos vieram ao nosso encontro.

– Uma das crianças que chegara há pouco tempo abriu os braços e veio em minha direção.

– Eu estava com saudades. Estava mesmo triste sem você – disse o menino, demonstrando toda a carência que carregava no íntimo.

– Estou aqui, querido – eu disse, abaixando e abraçando a criança.

– Você vai ficar aqui comigo?

– Sim. Vamos ficar juntos, por um tempo. Eu e mais esta amiga, que veio comigo.

– Gostei dela – disse apontando para Ameli. Ela é bonita e alegre.

– Como você se chama? – perguntou Túlio, aproximando-se.

– Me chamo Ameli e vi que você é muito esperto. Garanto que vai saber me dizer direitinho onde estão brincando os seus amigos.

– Túlio, vamos mostrar a colônia para eles? – adiantei-me.

Seguimos pelo jardim, onde muitas outras crianças brincavam. Ao verem a nossa aproximação, felizes, correram em nossa direção, pondo-se uma delas a falar:

– Tia, tem muitas crianças que chegaram agora e duas estão doentes.

– Onde elas estão?

– Vem, eu levo você lá.

Do jardim, o grupo passou para onde estavam os enfermos: vários quartos e, em cada um, cinco macas.

Vários voluntários ajudavam os pequenos.

Aproximando-se, o grupo iniciou a tarefa, aplicando passes para fortalecer os campos de forças e também conversando com os pequenos.

Um deles chamou a atenção de todos. Trazia marcas escuras pelo corpo.

– Interessada, Ameli quis saber do que se tratava, sem abordar diretamente o menino. Mas, aproximando, foi ele mesmo quem iniciou o diálogo:

– Meu pai me bateu com um ferro!

– E por que ele fez isso?

– Porque eu comi um pão que minha mãe tinha guardado pra ele. E *tá* doendo muito!

– Essa dor não passa porque está doendo em seu coração. Quanto mais rápido você parar de pensar nela, mais depressa ela vai embora – orientou Ameli carinhosamente, lembrando o que aprendera.

Estava diante de um espírito desencarnado, que se demorava na condição de criança, pelo desajuste emocional em que se encontrava, pelo trauma sofrido, sendo trabalhado para o seu despertar ante suas potencialidades e responsabilidade no caminho da evolução.

Enquanto falava, Ameli o acariciava, passando-lhe fluidos energizantes. Assim fez com diversas crianças presentes também em outras enfermarias.

Entrando no Centro de Reativação de Memória, Ameli estancou-se com o olhar fixo em uma menina. Ao seu lado, nesse momento, Cecília mentaliza fluidos de luz para a companheira e se adianta:

– Tudo bem?

– Sim, mas por um momento senti algo muito intenso ao olhar para aquela criança! Veio-me um quadro muito nítido em minha mente. Eu me vi num casebre com uma criança nos braços e duas outras se apoiavam em mim.

– Ameli, essas são vivências suas, experiências do passado. Mas lembre-se do que sempre você tem ouvido nos cursos e também repetido aqui em nossa equipe: o que quer que tenha acontecido, estamos agora em outro momento e com melhores condições de nos ajustar às leis da vida, às leis do amor.

– Que lindo, Cecília! Enquanto estou entretida com os outros, nem me lembro que este também é um recurso para o meu processo de adiantamento. Claro! Também tenho as minhas questões para ajustar. Quantos desencontros nas inúmeras vidas do passado, quantos enganos, quantos erros! Eu tão preocupada com o despertar destes espíritos que se demoram na condição de crianças, enquanto já podiam estar de posse de suas potencialidades, e não me dei conta de que preciso também despertar da imaturidade ante inúmeras coisas. A pergunta chega a ser até engraçada, mas quem sou eu?

– Um espírito criado simples, ignorante, que iniciou sua caminhada evolutiva fazendo uso de seu livre-arbítrio, do seu direito de escolha, aprendendo um pouco mais a cada encarnação e que tem a cada dia descoberto mais o valor de servir, do autoconhecimento e, acima de tudo, do valor das leis divinas maravilhosas que nos regem a todos. Lembra-se?

– Claro. Queria falar mais sobre tudo o que me aconteceu, sobre o que sinto...

– Tia, é verdade que a gente tem outras vidas? – questiona uma das crianças, deixando aquela conversa entre as duas para outro momento.

– Querido! Claro que temos. Inúmeras. Quantas precisarmos para aprendermos tudo o que é preciso.

– Mas eu não quero voltar, se não for para a minha mãe. Eu não queria estar longe da minha mãe.

– Para você conversar sobre a possibilidade de retornar para perto de sua mãe, primeiro você tem que estar disposto a pensar diferente, deixar sair esta ideia que fica direto na sua cabecinha.

– Mas eu não fico feliz longe da minha mãe.

– Vamos tentar?

– Ameli, este é o caminho. Você está certa – orientei, no momento em que a criança se distraía. – Ele certamente vai sentir necessidade de despertar, tomando sua consciência de espírito adulto que é, para aí sim programar junto aos seus mentores outra reencarnação, da maneira que lhe for mais conveniente. Mas enquanto insistir nesta ideia fixa, na condição de criança que não se afasta da mãe, continuará cristalizado nesta idade cronológica. Agora vamos, ainda faltam muitos irmãos para visitarmos.

– Vamos, estou adorando este trabalho.

As duas saíram em direção à saída do pavilhão, enquanto, satisfeita, eu concluía como Ameli amadurecera com o trabalho. As crianças se abriam em sorrisos, ao conversarem com ela e ao serem tocadas por suas vibrações maternais e sua intensa vontade de servir.

"Que coração amoroso que ela tem, pensei. Eu estava precisando de alguém assim por perto."

## 17
## Apoio aos que se ama

CATHERINE SE DESENVOLVIA com a mesma delicadeza e suavidade da mãe. Enchia de alegria a casa dos avós.

Mas para Toni, a vida na fazenda se arrastava na monotonia.

"Esse menino não esquece, vive nessa tristeza. Não sei o que fazer para alegrá-lo. Já tentei de tudo. Estou ficando preocupado", meditava o senhor Sandoval.

– Filho, não aguento vê-lo assim, com essa tristeza. O que posso fazer para ajudá-lo?

– Nada, meu pai. Estou bem.

– Não é o que parece. A vida continua e você tem uma filha para criar. A vida lhe deu um presente. Não se esqueça.

– Eu sei, meu pai, agradeço muito pelo que fazem por mim.

Toni pegou um livro, tentou ler, mas não conseguiu. Sua filha passeava pelo jardim com Catarina. Ao vê-lo, correu ao seu encontro.

– Papai, eu brinquei com as borboletas, elas eram muito lindas.

– Que bom, filhinha.

– Por que você não vem comigo, ver as flores e os animais? Eu gosto muito do lago, dos cisnes, de tudo.

– Você é muito linda, Cathe.

– Você também é. Eu te amo – abraçando o pai, Cathe o beijou.

– Eu gosto de você, igual da mamãe.

– Como filha? Você não conheceu sua mãe.

– Eu já *vi ela*, papai, várias vezes.

– Sua mãe não está mais aqui, filha.

– Não, papai, ela não morreu. Ela está viva. Ela até fala comigo.

– É mesmo? E o que ela fala?

– Que me ama e ama você muito e, outro dia, eu *via ela* te abraçando.

Toni engoliu a emoção, tentando disfarçar o que lhe vinha na alma naquele momento.

– Mamãe não quer ver você triste.

– Como você sabe?

– Ela me pediu para falar para você não chorar, que ela está bem e vem nos ver sempre.

– Obrigado, querida, papai não está triste.

– Que bom. Eu vou ficar feliz também. Vou falar pra ela. Sempre que eu chamo, ela vem me ver.

– Você é um anjo, linda como sua mãe – Toni disse afagando os lindos cabelos da filha, enquanto intimamente agradecia: "Obrigado, querida, por ter me deixado este tesouro".

– Sabe por que mamãe me deu pra você, papai? – Cathe disse instantaneamente, deixando Toni assustado pela coincidência.

"Como? Parece que ela leu o meu pensamento."

Ele não sabia, mas Ameli, ali presente, inspirava a filha a fim de fortalecer e encorajar o seu grande amor.

– Porque ela te ama muito – disse Cathe, derretendo-se de carinho junto ao pai.

Abraçando a filha, Toni a beijou, recebendo toda aquela vibração de amor que os envolvia.

– Vamos, papai vai passear com você de charrete.

– É verdade? Que bom. Você viu, Bá? Ele vai comigo – disse a menina, toda entusiasmada, à babá, dando-lhe pistas da alegria e do tanto que sentia falta daquela predisposição do pai.

– Obrigada, Catarina, por sua dedicação, por vir até aqui, da casa de meu sogro, junto com minha Cathe.

– Deixa disso, senhor Toni, eu prometi à menina Ameli que cuidaria dela e faço isso com muito gosto.

– Eu sei e agradeço muito.

– Gostaria de fazer algo pelo senhor também, para acabar com essa tristeza.

– Vou melhorar. Ficar mais com Cathe faz me sentir muito melhor. Até esqueço...

– Senhor Toni, todo mundo vai embora um dia. A nossa menina era *pra nóis* um verdadeiro anjo que Deus nos emprestou por um tempo. *Vamo* só agradecer pelo tempo que ela viveu aqui junto – disse sabiamente Catarina, cortando a onda de tristeza que certamente Toni exporia.

– Você tem razão, Catarina, estou sendo egoísta, por ficar só reclamando.

– Então está na hora de mudar, senhor Toni. *Procura* ajudar o seu pai. *Desculpa* esta velha estar falando assim; nem tenho esse direito.

– Você está certa.

– O senhor deve pensar que um dia *vamo* encontrar todo mundo do lado de lá da vida.

– Será que existe isso mesmo?

– Tenho certeza. O senhor acha que Deus ia criar o homem para viver uma única vida para depois acabar tudo? Ah!, não mesmo!

– Pensando assim, é verdade. Mas, não sei, é difícil entender.

– Um dia entenderá.

– Catarina, você acha que é possível ver pessoas que já morreram?

– Claro que sim.

– Você já viu Ameli? Sim. Ela aparece sempre aqui. Viva e feliz.

– Catherine também disse que a vê. Gostaria de entender melhor sobre esse assunto.

– Alegre o seu coração. Você assim entenderá. E agradeça sempre a Deus. Reze, converse com Ele. Ele vai *ajudá* o senhor.

Toni consentiu com a cabeça e saiu, de mãos dadas com a filha.

– Papai, eu vou te mostrar muitas coisas bonitas. Você já viu os macaquinhos do bosque?

– Eu não. Você já viu?

– Um monte, já até brinquei com eles.

– Você não tem medo, Cathe?

– Eu não, eles são engraçados.

– Então vamos caminhar para você me mostrar.

– Primeiro, vamos ao lago, para você ver os cisnes e os patinhos. Eles são tão lindos, papai.

A manhã passou sem ser percebida, deixando Toni realmente refletindo sobre o esforço que deveria fazer para valorizar o que a vida lhe proporcionava.

"Quanto tempo eu perdi, meu Deus. Catherine já com quatro anos e eu nem percebi passar!"

Sandoval chegou e encontrou o filho na sala, em companhia da pequena Cathe, o que lhe chamou a atenção.

– O que aconteceu, Toni? Nunca vi você assim!

– Olhe aqui quem me tirou do quarto, este meu anjo!

– Eu sou anjo, papai?

– É sim, filha.

– Mas eu nem tenho asas, como os anjinhos da matriz!

Os dois riram muito da graça e da leveza com que Cathe exteriorizava tudo o que lhe vinha à cabeça.

– Viu, como ela não deixa ninguém triste? – pontuou Sandoval, dando a entender que o filho demorara para desfrutar da alegria que a neta já lhe proporcionava.

– Eu percebi sim.

– Que bom, filho, fico feliz por essa mudança.

– Agradeça a esse pedacinho de gente.

– Você é mesmo um anjo sem asas.

– Vovô, eu levei o papai para ver os bichos e ele brincou com os macacos.

– Que bom, querida! Vejo que fez muito bem a ele.

– Amanhã vamos andar de charrete, não é, papai?

– Sim, sim, mas agora é hora de se preparar para o almoço, querida.

– Eu já sabia! Hoje eu estou com muita fome!

Enquanto Sandoval se dirigia para seus aposentos, a se preparar para o almoço, parado ao lado da filha, na sala de estar, Toni refletia:

"Por nós, Ameli, prometo que viverei intensamente por nossa filha."

– Papai, o senhor promete que sairá comigo todos os dias?

– Claro que sim. Iremos a vários lugares, onde você quiser.

– Oba.

– Seus olhos estão brilhando, papai. Está chorando?

– Não, filha, estou emocionado.

– A mamãe também fica assim, quando vem me ver.

– Mesmo? E ela vem sempre?

– Sim. Vem!

– Como você a vê? Conte para mim.

Enquanto falava, Toni sentou-se no sofá bem próximo à filha.

– Às vezes ela vem sozinha; outras, com algumas pessoas. Me beija e diz para eu ser boazinha.

– Você sabe, querida, que sua mãe já não está mais viva.

– Já falei, papai, ela não morreu. Ela disse que viajou para longe, mas que é feliz. Uma vez ela me disse que ajudava as pessoas.

"Será, meu Deus, que existe mesmo vida após a morte?"

– E o que mais ela falou?

– Ela... – Cathe parou, olhando para o pai.

– Ela o que, filha? Fale.

– Ela está dizendo para eu te abraçar; disse que te ama muito.

Abraçando a filha, Toni chorou de emoção, sentindo que um novo mundo se descortinava à sua frente.

– Papai, mamãe não gosta de ver você triste!

– Assim, os olhos dela vão brilhar também! Ela é muito linda!

– Como você, filha.

– Ela parece uma princesa. Como a das histórias que a Bá me conta.

Catarina se retirou da sala com a menina, levando-a para se preparar para a refeição. Tagarela, Cathe dava mostras do quanto realmente estava feliz!

Já de volta, Ameli se sentia feliz. O trabalho e o aprendizado constante só lhe aumentavam as condições de poder estar mais perto dos que tanto amava.

– O que foi, amiga? – aproximando-se, Roberta foi logo perguntando. – Você está radiante!

– Catherine, minha filha, é um espírito encantador.

– Ontem estive com ela e com Toni, na casa de meu sogro. Finalmente Toni se abriu para as coisas boas que ele tem na vida. Você sabe, através de Cathe, ainda criança, foi muito mais fácil ele perceber que estou viva. Aproveitei e lhe inspirei muita força e confiança no futuro. Ele precisa entender que Deus está no comando de nossas vidas. Trabalhei o quanto pude para esse despertar e, por fim, me sinto hoje muito feliz.

– Você tem razão. Nós precisamos fazer a nossa parte, abrirmos o nosso coração para sermos ajudados.

– Roberta, agradeço a Deus, agradeço a vocês que me ajudam, me ensinam tudo o que eu sei e me fortalecem. Tenho aprendido tanto! Descobri que a nossa caminhada rumo à perfeição é feita passo a passo. Que podemos e devemos ajudar ao outro, mas o esforço da evolução que nos compete ninguém poderá fazer por nós.

– Sim, senão, que mérito teríamos! Que bom que você está feliz. Com o coração assim radiante, certamente trabalhará mais e melhor. Mãos à obra!

Roberta por uns instantes recapitulou sobre o avanço no amadurecimento de Ameli.

"Sim, há muitos que não encontram forças para se superarem, demoram-se na inércia, retardando a alegria de colher os frutos do que cultua com o próprio suor. A lei do Pai é sábia: 'A cada um segundo as suas obras'."

E na colônia, trabalhadores trocavam intensamente experiências com desejo ardente de auxiliarem os espíritos que chegavam embotados pela realidade e que acreditavam viver.

"Deus, como ainda somos tão imperfeitos. Mas mesmo assim podemos mudar totalmente a realidade à nossa volta. É a grandeza das leis do Pai, às quais estamos todos submetidos", medita Roberta.

– Roberta, você recapitula sobre a boa condição de Ameli e realmente ela vai ter em breve oportunidade de aferir o valor do conhecimento que já acumula.

– Do que você está falando?

– Seu pai deixará a Terra não demorará muito tempo.

– Ameli já sabe?

– Ainda não, mas creio que pode ajudá-lo em sua recuperação, o que lhe fará muito bem. Mais um desafio que a fará ficar ainda mais forte. Acredite.

Na casa do barão, dona Josefina socorria o marido do súbito mal-estar que ele tivera. Suando frio, tinha as roupas afrouxadas de modo a lhe facilitar a respiração.

– Corra, vá chamar o médico. Barão Antunes não passa bem. Corra – desesperada, Josefina orienta o serviçal. Delirando aos olhos dos que estavam à sua volta, bem no centro da sala de estar, onde sentira forte dor e caíra, o barão arregalara os olhos sem conseguir emitir uma só palavra. Conseguia perceber a presença dos amigos espirituais que o assistiam. A perda de suas duas filhas cravejara o seu coração. A dor, o tempo se incumbira de amainar, mas em seu corpo físico ressoava, antes do tempo, o peso da idade.

– Ameli, minha filha, minha filha... – finalmente o barão conseguiu, num grito rouco, manifestar sobre o que via, olhos arregalados, fixados no nada.

E num longo suspiro, antes que o médico da Terra pudesse dar qualquer assistência, o barão partia, assessorado pela equipe espiritual ali presente.

Ameli mantinha o seu pensamento em Jesus, pedindo forças para conseguir ajudar o pai, enviando a ele todo carinho e gratidão pela vida, embora com seu coração apertado.

– Mamãe, fique bem. Papai segue em paz. Velaremos por ele, para sua recuperação. E Deus dará forças à senhora. Ele nunca desampara nenhum dos seus filhos. Eu te amo muito!

Dona Josefina não tinha consciência de que sua filha em espírito a consolava naquele instante, mas podia sentir um momentâneo alívio em seu coração.

Antes de partir, Ameli não poderia deixar de abraçar Toni e sua querida Catherine, cada vez mais desenvolvida e revelando o grande coração que possuía.

– Eu te amo muito, minha querida Cathe. Não se esqueça, seja sempre uma boa menina e eu estarei sempre por perto.

– Vamos, Ameli, temos muito serviço pela frente, querida.

– E você, não descansa, não, Cecília?

– Estou acostumada. Você também já aprendeu que o trabalho é o que nos fortalece. Aqui não carregamos o corpo físico, que pede noites de sono e refazimento.

– Sim. Sim. E eu nunca imaginei que aqui tivesse tanto trabalho! Mas eu adoro o que eu faço!

– Que bom, você tem vivido experiências importantes...

– Meu pai, Cecília, quero me dedicar muito a ele. Foi um homem bom. Fez o que deu conta nesta vida. Não tem como falar de meu pai sem me lembrar de Magali. Queria tanto saber como ela está.

– Eu já tenho boa notícia a você. Deixe passar alguns dias e poderemos ir visitá-la.

– Mesmo? Meu Deus, me ajude. Preciso ter forças. Eu quero muito poder ajudá-la também!

## 18
### Resgate nas trevas

EM MANHÃ PREVIAMENTE combinada, Ameli, eu, Roberta e Anadeli saímos para o Ministério do Auxílio e lá estavam os demais tarefeiros que partiriam em missão. Dirigindo-se a todos, irmão André recomendou:

— Meus irmãos, o que nos reúne em cada tarefa é sempre o nosso ideal de servir. Peço que todos confiem, uma vez que nunca estamos sós. Estejam atentos à disciplina necessária e às instruções que serão dadas. Lembrem-se, independentemente da condição de cada um dos que encontrarmos, de que somos todos irmãos.

As palavras do orientador foram absorvidas em profundo silêncio.

Ameli olhou para Anadeli e imediatamente lembrou-se de como foram importantes o seu carinho e seu acolhimento para que se restabelecesse, quando chegou à colônia. As vibrações de gratidão foram assimiladas por Anadeli, que lhe retribuiu o agradecimento:

"Aqui somos todos aprendizes, uns com os outros, e

nosso grande mestre é Jesus."

O grupo recebia de Paulo as últimas recomendações. Ele quem dera o treinamento para o grupo de resgate nos dias anteriores.

– Lembrem-se. É muito importante controlar as emoções. O medo é uma porta que nos abre para o desequilíbrio. A confiança nos mantém em condições de servirmos como bons instrumentos para as nossas tarefas.

A pergunta que pairava no ar era: E se algum de nós fracassar?

– Assim como nós, as trevas têm também sua organização e seus objetivos, sendo um dos principais objetivos impedir que a luz e o amor avancem em nosso promissor planeta Terra.

Roberta esfregava as mãos, como quem desejava logo partir para o que fosse necessário.

– Somos um por todos e todos por um – comentei, lembrando a importância da união.

– Então vamos – deu André a ordem. – Nos dividiremos em três grupos. Você, Cecília, ficará com Ângelo, Júlio, Roberta e Ameli. No outro grupo, Anadeli, Gustavo, Carla e Marta. No terceiro, teremos Roberto, Sérgio, Nilo, Jonas e Péricles. O grupo de resgate também se dividirá, como já estão acostumados.

O grupo de resgate apresentava-se com roupas em tom cinza e amarelo. O grupo de socorristas com túnicas azuis, com tecido leve e suave.

– No pulso direito, todos carregam um aparelho comunicador com um dispositivo que só será visto quando em uso. Em caso de perigo é só acionar e entrarei em contato. Todos os aparelhos estão conectados comigo e com os demais colegas do grupo – orienta André.

– E não se esqueçam – continua ele – caso um de nós seja pego, nos reuniremos todos para resgate. Combinado?

– Não há risco de ficarmos sem comunicação, se um de nós for pego?

– Fique tranquilo. Só nós temos acesso ao aparelho. Ninguém mais poderá tocá-lo. O grupo de resgate usará um veículo para transportar os irmãos que forem libertados. Com a ajuda de todos, traremos o máximo que pudermos resgatar. Em cada grupo, dois já conhecem o Vale das Sombras.

– Você conhece, Cecília?

– Conheço. E também o Júlio, Lino, Gustavo, Péricles e Roberto.

– Estou pronta. O que eu puder fazer, farei – disse Ameli, lembrando muito intensamente as recomendações.

Todos riram com suas palavras.

– Essa menina é das nossas, Roberto – disse Júlio.

Naquele momento, todos acompanhavam a oração proferida por André:

"Pai amado, aqui estamos com o nosso ideal no bem. Em seu nome, e através do seu amor, dá-nos forças para que o Bem prevaleça. Sustentação, equilíbrio e força para conduzirmos os irmãos das trevas para a luz, da insegurança para o aconchego, do engano para a verdade..."

À medida que André fazia sua sentida oração, uma chuva de luz cobria a todos, fazendo-os sentir um enorme bem-estar.

Todos seguiram para o ponto onde cada grupo faria sua rota.

– Aqui nos dividimos. Fiquem todos atentos. Sigamos todos em paz e confiança.

O primeiro grupo adentrou uma pequena gruta escura e malcheirosa, de onde saíam gritos e gemidos. Na entrada, um homem vestindo roupas escuras e portando estranha máscara de um lado apenas do rosto, fazia a ronda do local.

Provocando barulho do lado fora, Júlio fez com que a sentinela da gruta se afastasse, deixando espaço para que o grupo passasse pela estreita abertura, caminhando todos por um corredor escuro, iluminado por pequena luz carregada por eles. Ao sentirem a presença do grupo, espíritos em tristes condições surgiam das entranhas das rochas, aproximando-se.

Estancados, onde estavam, todos recorriam ao pedido de socorro em pensamento para se fortalecerem para a tarefa que ali começava.

Logo mais à frente um jovem era chicoteado por um homem de aparência cadavérica, cujos traços do rosto se assemelhavam a de um javali. Assustado com a presença inesperada do grupo, o espírito agressor tratou de se esconder, sendo possível a aproximação de Júlio junto ao menino chicoteado, iniciando com ele o diálogo.

– Meu amigo, não sei quem você é. Só tenho a lhe dizer que você pode sair daqui, pode ir para um lugar muito melhor, mudar o rumo de sua vida, que no momento parece não ser muito boa.

– Deixem-me aqui. Vocês não sabem o que dizem. Vão embora e não apareçam mais, dizia o jovem.

Nova tentativa foi feita, mas nada fazia o jovem manifestar qualquer interesse em sair daquela psicosfera, alimentada por sua revolta.

– Não poderemos levá-lo conosco, Cecília? – perguntou Ângelo. – Mas ele continuará sendo perseguido?

– Ele precisa querer, mostrar interesse em sair, pois o quadro em que vive é reflexo de seu próprio interior. Podemos ajudar sempre, mas cabe a ele romper a ideia fixa em que se coloca, movido pelo sincero arrependimento.

– Lembrei-me da questão: O inferno não existe senão como resultado do pensamento e das condições dos espíritos que com ele se afinizam.

– Isso mesmo. Vejo que está atento ao que aprendeu – comentei.

Seguindo mais adiante, já fora da gruta, deitada no chão e coberta por palha, uma moça se agitava, tentando espantar os bichos que via se movendo sobre ela. A cena era estarrecedora. Mas o grupo percebeu que era momento de vibrar pela entidade e aguardar o seu despertar.

Sob o comando de Anadeli, Gustavo e Carla chegavam, trazendo um espírito que se apresentava como um idoso.

– Cecília, este irmão nos pede socorro. Estava caído e gemendo. Não nos falou nada, mas chorou muito quando nos viu. Sentimos que está preparado para ser socorrido.

– Sim, é preciso levá-lo depressa, antes que os algozes descubram e venham atormentá-lo novamente.

– Em maca estendida ao seu lado, o senhor foi amorosamente recolhido, sendo levado ao grupo de resgate para seguir depois para o hospital.

Continuando a caminhada. Pouco depois foi a vez de entrar novamente em local de difícil acesso, por estreita passagem. Debaixo de uma árvore, estava Magali, sentada, de roupas e cabelos sujos. Ao nos ver, encolheu-se como animal assustado. Logo fomos avistados por espíritos que ali permaneciam e que, vendo-se ameaçados, começaram a investir contra o grupo.

– Não queremos nada com vocês. Só estamos de passagem. Agora, se quiserem ajuda, podem contar conosco – adiantou-se Gustavo.

– Acha que se quisermos ajuda vamos contar com fracotes como vocês? Saiam daqui agora.

– Calma, viemos em missão de paz, eu disse.

– O que vocês querem de mim? Não fiz nada, não me batam.

– Não viemos para maltratar você, viemos para buscá-la.

E agora nem adianta fazer mais nada. Eu matei a minha irmã. Ela vai me odiar para sempre, como sempre me odiou!

– Você se engana, minha amiga – aproximei-me, iniciando o diálogo. – Conheço sua irmã e sei que se ela estivesse aqui lhe daria um grande abraço.

– Mas eu não gostaria nem de longe que ela estivesse aqui. Ninguém pode fazer nada, nem mesmo ela pode fazer nada por mim.

Ao reconhecer a voz que lhe era tão familiar, por um instante, Ameli não acreditou que aquela pudesse ser Magali! Fazendo sinal para Marta e aproximando-se mais, Ameli continuou o diálogo em seu lugar.

– Pois, minha irmã, eu te amo do fundo do meu coração. Há muito tempo aguardo este abraço.

– Eu não posso aceitar! Vá embora.

– Não. Demorei para te achar, Magali. Não vou mais para nenhum lugar sem você. Se estiver disposta, se o arrependimento bateu em seu coração, agora é o momento de mudar a sua vida, de se libertar, de esquecer tudo o que passou.

Confusa, Magali não distinguia sonho de realidade.

– Quem são vocês?

– Meu nome é Maria Cecília, eu disse, ao lado de Ameli. Sou amiga de Ameli.

Ao ouvir o nome da irmã, Magali silenciou por alguns instantes.

– Eu não vou conseguir sair daqui. Eles não vão me deixar – disse em tom quase inaudível.

– Magali, esqueça tudo que passou, esqueça o que está em sua volta. Nesse momento você é o mais importante para você mesma. Não perca esta chance de mudar para sempre o rumo de sua vida. Quanto tempo mais você vai demorar para se permitir outra condição?

O silêncio se fez presente e Ameli entendeu que aquele era um sinal de arrependimento, uma fresta nos sentimentos da irmã, que começava a se abrir novamente para a realidade, para sua condição de espírito imortal diante de sua escalada evolutiva.

– Ajudem-me, disse Ameli, pedindo ao grupo que se encarregasse na locomoção de sua irmã, enquanto sentia sair de seu peito uma luz branda, envolvendo Magali.

Sentindo a intensa emoção do encontro com Magali, Ameli agradecia a Deus e pedia forças para manter a sua calma e condição de auxiliar a todos.

Nem bem o grupo começou a caminhada levando

cuidadosamente Magali, o aparelho de comunicação tocou, sinalizando o chamado de algum membro do grupo, provavelmente precisando de apoio. Era a equipe de Péricles. Foram pegos pelos espíritos que defendiam a guarda do local. Sérgio e Jonas estavam em apuros.

– Vamos todos nos ligar firmemente em oração, mentalizando uma luz intensa, fazendo um cerco em torno dos nossos amigos – orientei, pelo comunicador.

Momentos de puro silêncio. Em vez de sentimento de insegurança, em direção aos dois, o pensamento era um só: "Sérgio e Jonas já vão estar em liberdade". Também para o grupo de espíritos que investiam contra Sérgio e Jonas a equipe enviava intensas vibrações de luz. Pediam que eles despertassem dos sentimentos de perseguição, de ódio e destruição. Que entendessem que o mal com que se identificavam era apenas a ausência temporária do bem. Haveriam de despertar.

– Ok. Tudo segue bem agora. Agradeço a vocês. Estamos partindo para os últimos resgates – Jonas retornou em mensagem pelo aparelho ao grupo.

– Que bom. Tínhamos certeza de que tudo ocorreria bem – retornou Gustavo pelo comunicador, incentivando o grupo para a finalização da tarefa.

Em poucos minutos, Péricles, Sérgio e Jonas estavam em frente a um grande portão de ferro, iluminado por tochas.

Passando, sem serem notados, os três perceberam a densidade das vibrações do local. Com vozes estridentes, vestes escuras e lanças pontiagudas nas mãos, os guardiões do mausoléu que avistavam tinham ares de que o diálogo no momento seria impossível. O local era todo fechado com tela que mais parecia teias de aranha, o que desencorajava qualquer um dos espíritos prisioneiros daquele núcleo a sair.

Pelo aparelho, nova mensagem circulava entre os membros da equipe:

– Já finalizaram os resgates programados?

– Sim – respondeu o primeiro grupo.

– Aqui também – sinalizou o segundo.

– Estamos no mausoléu das teias. Pedimos reforços em pensamento no momento. Ainda não nos viram, mas há muito que fazer – retornou Péricles.

Enquanto falava, o grupo foi descendo em direção ao pelotão de espíritos que faziam a guarda do local. Apresentavam-se como lanceiros com aspecto animalesco farejando, à procura da caça. Enquanto procuravam o que desejavam, na certeza de terem visto 'invasores', dando a volta no antigo casarão, os meninos entravam para desamarrar irmãos que há muito tempo ali permaneciam como prisioneiros.

"Não há chance de diálogo", pensei.

– Estes serão os mais difíceis de resgatar.

– Demo-nos as mãos e, unidos, oramos. O outro grupo juntou-se a nós e formamos um círculo de luz, em volta dos irmãos ali presentes. Em seguida, já os resgatávamos. Tratava-se de Olívia e Rogério.

– Deu tudo certo.

– Sim, é estranho dizer que a tarefa foi gratificante. Gratificante seria poder sair de lugares como estes levando todos os nossos irmãos. Sem deixar um sequer nesta condição tão degradante – analisa Sérgio.

– Claro. Se dependesse apenas de nós, já o teríamos feito. Mas...

– Já sei... – interrompeu Sérgio. – É preciso que cada um esteja preparado, seja movido pelo arrependimento e mobilize sua vontade para mudar.

– Sim. E de pensar que as leis divinas são tão perfeitas... Mesmo aqui, como algozes ou subjugados, nada impede que todos recebam as vibrações de amor enviadas a eles.

– E também todo o sentimento de ódio, daqueles que certamente eles maltrataram. Sim, mas no momento, é melhor só nos lembrarmos da luz – recomendou Péricles, fazendo com que os três se olhassem e sinalizassem com humor a boa lembrança.

Já era tarde, quando os grupos retornaram da missão, reencontrando-se no ministério, despedindo-se a seguir, deixando marcado para o dia seguinte uma avaliação geral da missão.

Ameli sabia que tinha à frente uma boa caminhada, em direção ao equilíbrio e o refazimento da irmã. Mas estava intensamente grata.

– Eu só tenho a agradecer por estar aqui e também por ter podido ajudar no resgate de Magali. Estou feliz por todos que libertamos. Missão cumprida, Cecília.

– Ainda não, Ameli. Agora temos que ajudar que se recuperem. É uma tarefa que exige equilíbrio, paciência e coragem.

– Sem dúvida. Não sei como será o meu reencontro com Magali. Mas estou pedindo muito a Deus e ao meigo Jesus que me deem forças.

Dispostos e prontos para mais um dia de trabalho, aos poucos os tarefeiros foram se encontrando no hospital-escola, para onde foram levados todos os espíritos resgatados.

Com a chegada de André, todos fizeram um círculo à sua volta, desejando saber o que tinha a dizer sobre o trabalho realizado e qual seria o próximo passo.

– Estamos todos muito satisfeitos com o resultado da missão. Importantes resgates obtiveram sucesso ontem. Só temos a agradecer a oportunidade de servir.

– Tudo está correndo muito bem. Muitos dos socorridos ainda vão passar pelo sono do refazimento, enquanto se desvinculam aos poucos dos quadros que tão intensamente viviam. Mas todos estão recebendo atenção e muito carinho da equipe de enfermeiros. Peço a vocês darem seguimento às visitas a todos os que foram resgatados na missão. Nos falamos no final do dia.

– Sim, podemos ir agora mesmo – adiantei.

Anadeli, Roberta, Ameli, Ângelo e Roberto e eu entramos pelas alas da Enfermaria 3 do Hospital Maria de Nazareth, onde permaneciam as mulheres. Magali dormia sono profundo.

Agitada, Olívia, resgatada no mausoléu, gemia e chorava ao mesmo tempo.

– Calma, querida, estamos aqui para ajudá-la. Acalme-se que você já está muito melhor – disse Roberta, que me acompanhava, juntamente com Ameli.

A moça não parava de falar. As três se aproximaram do leito e emanaram fluidos benéficos à irmã, que logo adormeceu.

Em seguida, passaram ao leito ao lado. Ali estava Magali, em sono, deitada sobre leito muito alvo. Luzes azuladas desciam do teto sobre cada leito e ajudavam a compor a harmonia do ambiente. Com carinho, os três também fizeram sentida prece. Ameli cada vez mais se dedicando com desprendimento à irmã, agradecia a Deus por vê-la em melhores condições.

Na ala masculina, Ângelo e Roberto prestavam igualmente auxílio aos que necessitavam de cuidados. Encontraram uns mais agitados, mas quase todos ainda dormindo.

Ao final das visitas a cada um dos espíritos socorridos, todos se reuniram à frente do hospital.

– Como está, Ameli? Viu Magali?

– Estou feliz, Ângelo. Me sinto apoiada por vocês e agradecida. André me lembrou que é preciso paciência. Dar tempo ao tempo para as coisas acontecerem, para chegar o momento certo para ao próximo passo. Eu tento obedecer!

– Riram todos, sabendo que Ameli se esforçava para aguardar o tempo necessário para o despertar de Magali.

– O que acontece com a irmã Olívia, do leito 23? Está ainda tão agitada!

– Vem de cidade grande. Filha de pais separados, tinha a vida regada com tudo de melhor. Geniosa, chegou à maioridade sem estrutura emocional capaz de fazer-se firme diante dos desafios da vida – relatei.

– Entendo.

– Perdeu o pai e logo se viu sem o afeto da mãe, que se casou com alguém mais interessado em seu dinheiro. Olívia perdeu o pouco que tinha de atenção materna e tudo em matéria de conforto material. Desgostosa pelo que aconteceu, sua mãe em pouco tempo retornou ao mundo espiritual, deixando a filha definitivamente à mercê da sorte. Presa fácil dos homens, acabou na sarjeta, permanecendo imantada nesta condição, ao vir para o plano espiritual – continuei.

– Por isso a sua condição tão triste, quando a resgatamos.

– Sim. A do leito ao lado é Roseli, filha de um casal de camponeses que, pela dificuldade, foram para a metrópole. Ela era moça simples, meiga e trabalhadora. Empregada em uma lanchonete, acabou se deixando levar pelas promessas de um rapaz, de um mundo de ilusão. Quando se viu grávida, foi buscar apoio com o pai da criança, mas foi tristemente humilhada e rechaçada. Não suportando a falta de apoio e de coragem para contar para os pais sobre a gravidez e tudo o que ocorrera, a menina saiu andando, sem rumo. A noite fria e a falta de qualquer sentimento que a ligasse ao Criador deixaram Roseli à mercê das sugestões de espíritos que se identificaram com a ideia que ela acalentava de sumir da vida naquele momento.

– Por que não se joga neste barranco? Você se livrará de tudo. Coragem! – sugeriram os espíritos à sua volta, fazendo o convite em que ela embarcou – eu contava.

– Mas que triste – refletia Roberta. – Imagino o quanto é intenso o encontro desses irmãos com a realidade espiritual. Além de sofrerem muito, porque a ninguém é dado tirar a vida, vão entender que a vida não acaba.

– Sim, Roberta. Veja que aquele que se mantém ligado ao Criador tem valores absorvidos dentro do lar, terá sempre mais estrutura e dificilmente aceitará um convite desses. A vida é o maior bem que possuímos. Só a Deus cabe saber qual o momento certo para o nosso retorno à pátria espiritual.

– Acabamos de atender ao irmão Otávio – disse Júlio. – Ele era dono de um curtume, envolveu-se com pessoas sem escrúpulos, faltando com a honestidade no afã do lucro fácil.

– Outro engano, esse, no plano terrestre. Não fazer ao outro o que queremos que seja feito para nós. Somos reflexos do que fazemos e pensamos. Tudo o que fazemos, de uma forma ou de outra, retorna para nós. É da lei natural – reflete Péricles, junto ao grupo.

– Sim. E nem é preciso haver um juiz, um tribunal, como muitos acreditam. Na verdade, nem é Deus, também, que nos julga; são suas leis que estão escritas na nossa consciência que nos dão o senso do certo e do errado, porque o amor já está em nós. Cabe-nos desenvolvê-lo para merecermos suas benesses. Mas somos livres para escolher – reflete Gustavo.

– Digo sempre que o nosso maior escudo para estarmos em companhia do bem é a nossa consciência alinhada com o que é correto – retorna Péricles.

– Concordo. Não que a gente seja perfeito. Mas nosso esforço em acertar, em não prejudicar o outro, já é o nosso grande aliado na vida – completa Júlio.

– Essa é a grande maravilha do caráter educativo das leis divinas! Elas não nos proíbem de errar, mas nos dão a responsabilidade pelas nossas ações e escolhas – conclui Gustavo.

– E o senhor idoso, que foi resgatado ontem?

– Trata-se do senhor João Antonio. Viveu mais de trinta anos com sua esposa em cidade pequena, trabalhando com transporte de pequenas mudanças. Depois da desencarnação de sua companheira, mudou-se com o filho para outra cidade e em pouco tempo já morava com uma nova parceira, que elegera como sendo a ideal para passar o resto de sua vida. Embora o filho tivesse alertado, totalmente dominado pelos encantos da mulher, João Antonio embarcou em seus sonhos. Ciumenta e afeita a encrencas, não demorou a entender que um grande desafio a aguardava pela frente. Com o tempo, João estava longe de ser o homem sorridente e de bem com a vida, que sempre fora. O desgaste foi inevitável e acabou fazendo com que João perdesse a cabeça, pondo fim à vida dela e à própria vida – expliquei.

– Uma pena!

– Sem dúvida, mas que bom que seu tempo no Vale das Sombras já acabou. Chorava de arrependimento e pedia socorro, lembram-se? Finalmente despertou para a caminhada necessária. Não faltarão oportunidades para se reencontrar com esta companheira, programando uma nova vida, reajustando-se com a lei divina. O que preocupa João agora é a incerteza de sua companheira aceitar novamente viver ao lado dele. É por isso que sempre nossas reencarnações são muito bem planejadas, para não perdermos a oportunidade e desistirmos no meio da caminhada, achando que carregamos o fardo maior do que conseguimos suportar. Também somos beneficiados com o esquecimento do passado, quando retornamos ao corpo físico.

– Sim, mas por isso também que muitas vezes há tanta antipatia dentro de uma mesma casa – completou Júlio.

– Você tem razão. Daí a importância do esforço em nos melhorarmos, melhorando em nós os sentimentos para com todos os que nos cercam. Diante das dificuldades no lar, é preciso sempre lembrar que ali pode estar alguém que prejudiquei no passado e que preciso agora ajudar – analisei.

– Isso é verdade! Vejo cada vez mais que o lar é a nossa grande escola de amor – conclui Gustavo.

Em cada leito que o grupo passou naquele dia em visita, uma história de vida marcada por escolhas e muitos enganos:

Gilberto, que era terceiro filho de um casal que morava em cidade grande, tinha dezessete anos e se envolveu com más companhias. Seus pais tentaram ajudá-lo, mas em vão. Com o tempo, acabou na sarjeta e, morto, foi levado pelos algozes.

Getúlio era um jovem advogado que se deixou levar pelo sexo desregrado, e por consequência, acabou em pouco tempo preso em um leito de hospital. Revoltado, teve um final de vida na Terra triste, com seu corpo todo deteriorado. Ao desencarnar, foi capturado pelos aqueles com quem se envolvera em vida.

Rogério era um rapaz bonito, instruído. Religioso, ia sempre à igreja, onde conheceu uma jovem, Zilda, e que o deixara muito feliz. Enciumado por ver sua namorada frequentemente conversando com outros homens, Rogério sentia sua confiança estremecer. Mesmo assim, o casamento veio rapidamente. Grávida, ela exigia que Rogério oficializasse a união. Após o casamento, a moça transformou-se. Passava o dia todo fora de casa. Num dos dias em que chegara em casa, Rogério perdeu a cabeça por ver que Zilda bebia com as amigas, ao lado do filho pequeno e necessitado de cuidados. Depois de discutir, saiu em disparada, acidentando-se, no momento em que pensava: Pra que viver deste jeito? Rogério acabou com a sua vida e numa triste condição de perseguição à esposa, encontrava-se perturbado no Umbral.

A história da Sueli também era triste. Uma jovem que só pensava em si mesma. Completando a maioridade, passou a sair sem pedir permissão. Dava muito trabalho para os pais e reclamava de tudo. Por mais que fizessem, nunca estava satisfeita; dizia que tinha uma vida miserável, que qualquer hora sairia em busca de uma vida melhor. Homem simples e preocupado com a filha, senhor Antero tentava alertá-la contra os perigos da cidade grande. Ele desabafava, com a esposa, que muito religiosa, lembrava que só restava a eles orar. Quando Sueli chegou em casa com um rapaz, dona Adélia pressentiu não ser boa companhia e aconselhou-a que tomasse cuidado. Mas sem ouvi-la, dias depois Sueli fazia as malas para ir embora. Só o tempo foi capaz de revelar a verdade que o pais tanto tentaram mostrar. Aproveitando-se de Sueli, o rapaz partiu, deixando-a num prostíbulo e, sem coragem de voltar para a casa dos pais, Sueli passou a trabalhar como dançarina naquele lugar. Com a vida desregrada, a moça acabou gravemente doente, sendo os pais chamados para que fossem buscá-la. Orgulhosa, mesmo doente, Sueli não deixava de maltratar os pais, de reclamar de tudo. Dias depois, ela deixou a Terra e as dificuldades logo começaram. Foi perseguida pelos espíritos trevosos, que não lhe davam trégua. Tentava esconder-se ao lado dos pais, que eram bons e oravam muito, até que foi pega por eles e levada para o Vale das Sombras.

Américo é outro irmão que tem muito que contar sobre sua última existência na Terra. Já nos primeiros anos de vida, adoeceu estranhamente e perdeu os movimentos das pernas. Seus pais o cuidaram com muito carinho e, passados cinco anos, foram encaminhados a um médium para que fosse feito um tratamento espiritual no menino. Lá descobriram que desde outras vidas, espíritos obsessores o acompanhavam. Aos quinze anos, Américo voltou a andar, deixando a todos muito felizes. Mas o tempo passou e revelou a agressividade do rapaz, que brigava nas ruas, em casa, envolvia-se em confusão quase todos os dias. Alertado, Américo fora avisado para que se esforçasse para melhorar. Já havia errado muito no passado e a oportunidade de mudar estava à sua frente. Mas os alertas foram em vão. Mais uma vez, saindo com os amigos, ele se envolvera em briga dois rapazes que, ressentidos, chamaram por comparsas que acabaram lhe tirando a vida. Numa condição espiritual conturbada, Américo partiu acompanhado por seus antigos perseguidores.

## 19
## Boas perspectivas

O TEMPO AVANÇAVA a favor dos que se esforçavam em sua caminhada de crescimento e de libertação de tudo o que deixaram no passado. Logo mais Ameli, eu e Anadeli nos encontraríamos para uma missão há muito aguardada. Com o coração leve e em sintonia com o colorido das flores que formavam lindos jardins por onde passava, Ameli só agradecia.

"Meu Pai, agradeço muito esta oportunidade que a vida me concede de estar com minha irmã. Só o Senhor sabe os reais motivos para Magali ter esses sentimentos e há anos espero por este momento. Sou feliz, Pai, porque em meu coração não carrego qualquer ressentimento. O que são as experiências que passamos, senão o buril para o nosso aprimoramento? Dê-me forças para que eu possa ajudá-la. Que as boas vibrações de luz e de paz me auxiliem neste momento!"

Já em frente ao local combinado, adentramos o pavilhão, vendo que André também se integrava ao grupo.

Nós quatro nos dirigimos ao quarto, que permanecia em suave luz que passava através da cortina de fina textura. Percebendo que a equipe entrava no recinto, Magali tratou de se ajeitar rapidamente no leito.

– Olá!

– Como tem passado, Magali? Pelo visto, está bem – interagiu André.

– Podemos abrir a janela, deixar a luz do sol entrar? – adiantei.

– Sim. Já estou me sentindo bem. O sol e a luz já não me agridem como antes. Eu ainda sinto algumas recaídas, mas alguma coisa sinto que mudou em mim.

– Eu... eu...

– Você está pronta para dar o próximo passo, Magali. A vida é um eterno convite para o crescimento, para a evolução – aconselha André.

– Meus sentimentos ainda me confundem.

– Carrego um peso dentro de mim. Não sei se conseguirei seguir o caminho...

– O caminho mais curto rumo à sua felicidade.

– O que eu fiz...

– Você terá oportunidade de se ajustar diante de todos os seus atos e assim passará a se sentir muito melhor.

Foi neste momento que o olhar de Magali cruzou com o de Ameli, que aguardava o momento para se aproximar do leito, não tendo sido antes vista pela irmã.

– Magali, Ameli tem se desvelado em sua cabeceira, acompanhando você já por longo tempo, aguardando por este momento – adianta-se André.

– Ameli, eu não sei o que...

– Não precisa dizer nada.

Magali sentia que começara a lhe faltar o ar, o que fez com que André intercedesse.

– No momento, o melhor é não revolver o que passou. Ao lembrar-se de tudo, trará para si as sensações que estão aí, e permanecerão enquanto se fortalece e inicia a sua caminhada para o seu verdadeiro processo de cura.

– Obrigada por tudo que estão fazendo. Não sei o que me aguarda. Não sei se eu conseguirei... Nem sei se mereço tudo isso. Talvez eu merecesse mesmo ser castigada...

– Castigos não existem, Magali, o maior desafio é enfrentarmos a nossa consciência, diante de nossos enganos, de nossos erros.

– Ameli, não consigo...

– O melhor a fazer é tentar ser útil, distanciando-se do tempo perdido. Muitos irmãos sofrem e esperam por socorro – interrompeu Ameli, evitando que Magali se enveredasse naquele momento por um campo de lamentações.

– Preciso retribuir tudo o que recebi de vocês.

– Você não deve nada a ninguém. Fique bem consigo e estará fazendo o melhor. Nossa consciência será sempre a nossa melhor aliada.

– Você tem razão.

– O que posso fazer?

– Faça preces, Magali. Adquira o hábito de agradecer a Deus por tudo o que a vida tem lhe concedido. Peça a Ele pelos que se demoram no sofrimento. Bendiga sempre a oportunidade de ser útil, de bem aplicar os recursos que tem. Valorize os seus sentimentos bons.

Perdoe os que lhe ofendem. Mantenha-se sempre em boa sintonia. Tudo isso a fortalecerá.

Magali não disse nada. Mas deu pistas de que estava profundamente mexida em seu interior.

Nós quatro nos despedimos, percebendo que ela precisava ficar só no momento. Voltaríamos na manhã seguinte.

No pavilhão, era visível a melhora dos assistidos, graças à dedicação da equipe e do auxílio de forças superiores. No período da tarde, Anadeli, Roberto, eu e Ameli partimos para a assistência no plano terrestre. Entre as visitas programadas, também passariam no velho casarão do senhor Sandoval, que há tempos Ameli não visitava. No jardim, a bela Cathe, de cabelos cacheados e presos graciosamente nas laterais da cabeça, saltitava toda feliz.

Ao vê-la, rapidamente Ameli se aproximou, sendo percebida por Catarina, que estava ao lado da menina: "Minha menina! Que saudades! *Tô* sentindo o seu cheiro. Eu sei que você *tá* por aqui."

Distante a poucos metros, Toni também se lembrara, no mesmo instante, do perfume de Ameli!

– Engraçado, sinto o perfume de minha amada. Onde quer que você esteja, receba o meu amor, Ameli.

– Estou aqui, querido, juntinho de você. Continua o mesmo, só os cabelos estão ficando mais grisalhos.

Toni de alguma forma registrara a presença de Ameli. Parecia mesmo ouvir o que lhe sussurrava aos ouvidos. Grande saudade lhe bateu no peito, deixando-o com o olhar distante, como que a voltar no tempo.

– Papai, sei que mamãe está aqui. Ela ama muito a

EM NOME DO AMOR | 201

todos nós. Você um dia vai ficar muito velhinho e ainda assim ela virá aqui. Sabe por quê? Porque ela vai te amar sempre!

Catarina e Toni riram emocionados do jeitinho todo especial de Catherine registrar os sentimentos de Ameli e também a sua presença. Senhor Sandoval e os afins da menina Ameli receberam sua rápida visita, assim como os demais familiares e serviçais, muitos deles acompanhando há décadas aquele núcleo familiar. Emocionada, Ameli deixou por último para dar o seu abraço tão especial à sua mãe Josefina. Já revelando as marcas do tempo, seu corpo físico começava a demonstrar o cansaço e não tardaria a fazer a sua viagem de volta ao plano espiritual.

No plano espiritual, Magali se fortalecia. Tudo o que passara, envolvida por seus sentimentos em regiões umbralinas e, depois, com o arrependimento ao despertar, trouxeram modificações efetivas em seu íntimo. Mas percebia que nada era capaz de apagar o peso que carregava no coração, por tudo que sentira e fizera, principalmente com Ameli.

– André, o que o passado oculta para que Magali tivesse tanto ódio de Ameli? – interroguei, certa amanhã.

– Viveram juntas em época de guerra, como rivais. Ameli venceu. Magali, espírito mais endurecido, não aceitou a derrota, acreditando ser a irmã a mandante de toda maldade posta em prática no confronto. Perdendo a guerra, Magali fixou-se na revolta, ao contrário de Ameli, que apesar de sofrer muito não se entregou aos sentimentos ruins.

– Isso faz todo sentido.

– Todo esse núcleo familiar vem há muito reunido, ajudando-se entre si. Lembra-se de dona Augusta, acolhida junto a nós há anos?

– Sim, claro.

– Ela faz parte deste núcleo familiar e em breve retornará ao grupo. Prepara-se para reencarnar. Catherine em breve será mãe.

– Desculpem – interrompeu Ameli, entrando na sala que estava com a porta entreaberta.

– Me perdoem... Eu achei que não estavam... e acabei...

– Fique tranquila, Ameli, já íamos chamá-la para dar as boas novas.

– O que ouvi é verdade?

– Então Cathe será mãe?

– Sim.

– Meu Deus, como pode? O tempo passou muito depressa.

– Sim, Ameli, Catherine já está com dezessete anos.

– É verdade. E eu serei avó. Mas que felicidade!

Todos riram das conclusões expansivas de Ameli.

– E Toni, até quando ficará sozinho, André? Nossos laços de amor são muito nobres. Mas não vejo motivo para ele continuar sem uma companheira. Sinceramente eu ficaria feliz. Não é você quem diz que o verdadeiro amor é aquele que é liberto?

– Esse é o amor autêntico. Sem apego, verdadeiro, minha irmã.

– Agora que mamãe está aqui, conosco, tenho muito que fazer por eles e por Magali.

Ameli via que o tempo passava. Catherine sedimentara com o tempo os traços finos e a delicadeza que encantara Ronald, o filho de um dos barões da região, e logo contraíram matrimônio. Passados alguns meses, os planos da chegada de um bebê na família enchiam de esperança aquele novo lar.

Meses depois da boa notícia, também Toni traria novidades para a filha. Finalmente encontrara alguém que talvez pudesse dar novo sentido à sua vida. Ninguém jamais substituiria Ameli em sua vida, mas ansiava por ter uma companhia, justamente agora que Catherine saíra de seu lar. Mary era a promessa de tudo isso. Ela era bela, meiga e compreensiva. Era tudo o que esperava de uma pessoa para partilhar a sua vida.

Tantas boas notícias ligadas ao plano terrestre não tiravam de Ameli o ideal de ajudar Magali em seus planos de reencarnação que se aproximavam. Trabalharia muito para o reencarne de Magali. Ela retornaria como filha de Antoni, tendo a oportunidade de com ele construir um caminho diferente do desfecho que dera em sua última encarnação.

O grande dia chegou. Ficamos cientes de que Mary iria engravidar.

Os pais, Toni e Mary, foram avisados através de um sonho e tudo foi preparado no processo reencarnatório.

# 20
## O passado de Anadeli

SOB ÁRVORE FRONDOSA, à frente do chafariz que tanta graça e leveza dava à praça, eu e Anadeli conversávamos animadamente.

Anadeli, você nunca falou nada sobre o seu passado.
– Bem, não sei se... Tudo bem, vamos lá.

Sentando-se de frente para mim, Anadeli, começou:
Eu nasci em uma cidade pequena. Meu pai era mexicano e minha mãe brasileira. Casaram-se no México e logo depois se mudaram para o Brasil. Eu nasci num acampamento cigano e, cumprindo as tradições, o meu nascimento foi muito comemorado, com dias de alegria que se estendia a todo o povoado. Mas a alegria durou pouco, porque em pouco tempo novos ciganos invadiram a cidade onde morávamos e, ao contrário do nosso povo, começaram com arruaças, que nos levaram a ter que deixar a cidade. Sem lugar fixo, levantamos acampamento e passamos a viajar pelo país. Ainda muito pequena, com problemas respiratórios, acabei limitando

as escolhas de meus pais, que muitas vezes permaneceram em lugares com menos recursos, onde passamos fome e enfrentamos muita dificuldade. Voltamos para Minas Gerais, onde já havíamos morado. Lá cresci e me tornei moça. Aos quinze anos, apresentava-me no circo, dançando e fazendo malabarismos. Tudo ia bem, até a escolha de um pretendente que meu pai fizera para mim, o Ruanito, filho de Juan. Eu mesma não tinha nada contra ele; só não o amava. Além do que, enciumado e no fundo sabendo que eu não correspondia aos seus sentimentos, arrumava sempre confusões. Com medo de sermos expulsos da cidade, eu aquietava sempre em casa quando Ruanito se enroscava em briga.

Até que certa noite eu estava dançando e vi chegar, do outro lado do circo, um rapaz de olhos verdes, pele morena, cabelos longos e presos atrás, muito bem vestido. Ao vê-lo, meu coração disparou.

Ramon mexeu comigo desde a primeira vez que eu o vi. Sim, espiritualmente eu o reconheci. Mas senti também que dias difíceis viriam. Lembro-me de que naqueles dias, uma senhora, que hoje sei que tinha o dom da mediunidade, se aproximou de mim e me disse:

– Você não é feliz com o seu noivo. Você sofre. Não se preocupe, que o seu verdadeiro amor está chegando, para buscá-la.

Eu me assustei e desviei os meus olhos dela.

E ela ainda continuou:

– Você já o viu, mas ainda não falou com ele. Ninguém vai poder tirá-lo de você.

Certa vez encontrei-o enquanto caminhava com minha prima. Quando o vi se aproximando, fiquei paralisada, como se ele tivesse me hipnotizado. Corri, mas ele me alcançou, me segurou pelo braço e me disse:

– Agora você não escapa de mim.

Eu disse a ele para me soltar, que eu não o conhecia. Mas ele foi incisivo, apresentando-se. Olhei em seus olhos, meu corpo tremia. A sensação era de que eu realmente já o conhecia. A emoção era tão forte que eu não conseguia ficar ao lado dele. Saí em disparada. Os dias se passaram e tudo ia normalmente. Até no circo, era dia de festa. Vários ciganos, vindo de outros acampamentos, estavam presentes e todos dançávamos. Eu não sabia, mas Ruanito pretendia oficializar o noivado e marcar a data do casamento. Eu estava no meio do circo, com várias moças dançando. Quando olhei para a plateia, vi sentado na primeira fileira o rapaz dos olhos verdes. Pensei:

– Meu Deus, esse moço aqui!

Meu coração disparou. Eu preferi parar a dança e saí. Tornei a ficar paralisada quando ouvi uma voz muito próxima:

– Por que você foge de mim? Sabe que o nosso encontro será inevitável.

Eu disse que não queria confusão. Mas ele insistiu:

– Não se case, por Deus. Eu vim te buscar.

Eu disse que não sabia do que estava falando.

– Me dê uma chance e eu direi tudo que você precisa saber – disse ele.

Saí correndo, entrei no circo e Ruanito percebeu que alguma coisa acontecera. Iniciando a música, ele me puxara para dançar. De onde eu estava só via Ramon, sentado na plateia, como uma visão a me atormentar os sentimentos. Quando parou a música, o senhor Juan disse:

– Senhoras e senhores, hoje é um grande dia. Estou feliz e quero compartilhar com vocês a minha felicidade. Nesse momento, eu peço ao Jácomo a mão de sua filha, Anadeli, para o meu filho, Ruanito.

Aquelas palavras soaram como uma bomba. Olhei para Ramon que, olhando para mim, balançava a cabeça, dizendo que não. Meu pai esperou muito por esse momento e estava feliz. Concordou, marcando o casamento para o final do mês. A dança recomeçou, mas dentro de mim um enorme vazio se acentuou.

Terminada a festa, eu voltava para a nossa tenda quando, surgido não sei de onde, Ramon me puxou pelo braço e me beijou, sem dizer nada. Eu me deixei envolver pela emoção e me esqueci de tudo. Beijamo-nos apaixonadamente. Ruanito já havia se recolhido. Feliz e descuidado com a bebida, que fazia com que ele nem parasse de pé.

– Imagino como deve ser difícil casar com quem a gente não gosta, eu disse, ouvindo atentamente cada detalhe narrado.

A partir desse momento, tive absoluta certeza de que meu destino realmente não era ao lado de Ruanito. Dias depois, fui até a cachoeira e encontrei Ramon. Ficamos juntos. Eu, feliz, deixei-me levar e entreguei-me a ele, apaixonadamente. Voltei para o acampamento e passei a noite aflita. Encontramo-nos outras vezes até que Ruanito descobriu. Desmenti tudo, mas o risco era muito grande. Intempestivo, ele nos mataria. Foi então que na calada da noite resolvemos partir, Ramon, eu e mais dois ciganos. Viajamos por três dias e três noites, até chegar a uma cidade pequena. Ficamos num acampamento cigano de outro bando, por um dia. Com medo de sermos encontrados, partimos, sem destino. Eu estava feliz, ao lado do homem que eu amava. Uma pessoa maravilhosa; carinhoso, bom e que me tratava como a uma rainha. Mas não estava em paz, pois sabia que meus pais e a nossa cultura cigana não perdoariam jamais a minha traição. Estavam à nossa procura. Vasculharam todos os lugares e Ruanito persistia sempre, com ódio e vingança. Continuamos nossa viagem e chegamos ao México, mas não permanecemos por muito tempo, por perceber que eu poderia ser reconhecida por antigos conhecidos de meus pais. Chegamos então à Espanha, onde fizemos amizades e permanecemos em um acampamento. Ramon logo passou a trabalhar num circo, e em seguida eu também. Enquanto isso, meus pais e Ruanito nos procuravam por toda parte. Ofereceram até recompensa a quem nos encontrasse. Alguns meses se passaram e um dos conhecidos de meu pai esteve no Brasil e acabou falando a ele que havia nos visto no México. Ruanito arrumou tudo e saiu à nossa procura, com dois outros ciganos. Chegando ao México, perguntaram sobre nós e um cigano disse ter ouvido que iríamos para a Espanha.

Em pouco tempo, eu descobri que estava grávida. Nós estávamos felizes e, nove meses depois, nasceu a minha pequena Nara, que encheu aquele acampamento de felicidade. Era linda, seus olhos pareciam duas pedras preciosas e eu era a mulher mais feliz do mundo.

Todos gostavam de nós, como se fôssemos uma família. Anita, uma pessoa de extrema confiança, fazia tudo por mim e tratava a pequena Nara como se fosse sua neta. O tempo passava, mas eu, apesar de tudo, não tinha paz. Todas as vezes que ouvia comentários sobre a visita de alguém, ficava em pânico. Narinha já estava com dois anos e era a alegria do meu viver. Então aconteceu o que eu temia. Estávamos no circo e a pequena Nara, com Anita, no acampamento quando veio a notícia de que três homens procuravam por mim.

– Querida, o jeito é enfrentarmos – me aconselhou Ramon.

Saímos para o acampamento e encontramos Anita assustada, que foi logo dizendo que eles não tinham aparência boa e que o melhor talvez fosse nos esconder ou fugir. Ficamos dois dias sem trabalhar, mas Ramon decidiu voltar ao trampolim. Seu número era um dos que fazia mais sucesso no circo. Horas depois, barulho e gritos denunciavam o ocorrido. Ramon despencara lá de cima. Ruanito pagara para sabotarem o espetáculo de Ramon, afrouxando cordas e redes. Minha cabeça estava a mil, porque a busca por mim continuava e eu temia que os malfeitores voltassem e fizessem algo para minha filha. Esperei a noite cair e saí em viagem com Narinha nos braços, acompanhada por pessoa de minha confiança. Depois paguei a outro cocheiro que me levou até o México. Minha angústia era interminável.

– Mas você conseguiu chegar onde pretendia? – perguntei, curiosa.

Não consegui. Numa parte da caminhada percebi que estávamos sendo seguidos. Apertamos o passo, quase correndo, mas ouvi uma voz que me era já conhecida dizendo:

– Pare ou atiro.

Continuei, mas eles nos alcançaram e agarraram minha filha, tirando-a dos meus braços. Pedi que não fizessem nada com ela. Mas só ouvi:

– Você vai me pagar por tudo que me fez. Aquele miserável já se foi, agora é a vez da filha dele.

Implorei para que me levassem, mas deixassem a pequena. Nem imagina o meu desespero, quando vi o cigano partindo com Nara nos braços. Parti para cima dele e Ruanito agiu com o sangue frio que sempre demonstrara ter, atirando em nós duas. A única coisa que me lembro é que abri os olhos e agradeci a Deus por ter a minha filha comigo.

O resto da história, Cecília, você já sabe.

– Sim. Lembro-me de quando a resgatamos. Você insistia com muito medo de que levassem sua filha. Conversamos muito até convencê-la de que já estava em outro plano.

Sim, minha querida. Eu hoje peço muito por Ruanito, peço por Ramon, peço a Deus pelos meus pais. E sei que todos nós já caminhamos muito. É para isso que vivemos, não é?

# 21
## Experiências reencarnatórias

— MAGALI, SABER que temos novas oportunidades de vida na Terra para desfazermos os nossos enganos é uma das provas mais bonitas da bondade do Pai – André iniciava amistosa conversa em sua sala.

— Por mais que saiba do tamanho da minha conta de acertos, eu ainda prefiro reencarnar entre os que eu prejudiquei, André. Bem que dizem que o inferno está em nossa consciência. Eu preciso me ajustar com muita gente. Eu não vou dizer que vai ser fácil. Sei que eu estou longe ainda de sentir o que vocês sentem. Mas...

— Não menospreze o seu potencial de amar. Não se martirize com o que passou. Abra o seu coração para as novas possibilidades que a vida quer lhe conceder.

— Sim, eu preciso ter forças. Só tenho medo de me perder novamente, porque aprendi que ninguém muda de repente. Nos cursos que tenho feito tenho aprendido muito.

— Magali, querer acertar já é um bom começo. E a oportunidade de se testar chegou para você. Trago notícias do Ministério da Reencarnação. Sente-se preparada para retornar?

– Sim. Vou ficar muito melhor sabendo que comecei o que precisa ser feito.

– Você retornará para perto de alguém que já conhece. Será filha de Toni e de sua nova companheira, Mary.

– Nossa! Deixe-me entender um pouco isso. Tudo isso é muito novo para mim! Vou fazer como vocês sempre dizem... confiar.

– Não vai lhe faltar o apoio de que precisa, Magali.

– Tenho certeza de que não.

Magali saiu do pavilhão com o pensamento longe, tentando imaginar como estariam os que ficaram no plano da Terra. Mesmo Toni. Pensar em estar perto de novo de pessoas como ele mexia profundamente com Magali.

"Ainda bem que voltamos em outro corpo, outra roupagem. Eu não teria coragem de olhar frente a frente para ele, pelo menos por enquanto", pensava. "Mas vou continuar pensando que não estou só e vou ser ajudada. Isso é o que me dá forças."

– Com licença!

– Entre – Ameli, disse Magali.

– Eu vim buscá-la. Chegou alguém que você vai gostar de ver.

– Quem é? Diga.

– Venha e saberá.

Magali preferiu não tocar no momento no assunto de seu retorno com sua irmã. Adentraram o hospital, para onde Ameli levou Magali, e ali estava a recém-chegada.

– Bá, você aqui, conosco? – Ameli falou, fazendo com que Catarina abrisse os olhos.

– Você, minha menina? O que aconteceu? Vim te visitar?

– Não, Bá, você fez a sua viagem de volta. Veio para se reunir conosco, que te amamos muito.

– Meu Deus, minha Nossa Senhora, *brigada*!

– Eu já andava cansada que só vendo!... Meu corpo já não me obedecia mais, não. Menina Magali, venha que eu quero muito ver *ocê* de perto. Como é bom te ver assim. Você agora já sorri, é?

– Muita coisa mudou, Bá. E ainda tenho que me esforçar para melhorar muito mais!

– Bá, quero ver você bem e em breve junto a todos nós. Agora, acho melhor descansar – recomendou Ameli. Mas antes, vamos agradecer a Deus. Que as bênçãos do Pai se derramem sobre todas nós.

– Deus seja louvado – disse Catarina, já se acomodando melhor no leito.

– Agora descanse, querida.

– Mas eu vou é sair rapidinho daqui. *Num tô* muito acostumada com dengo por muito tempo, não.

Ameli e Magali riram do jeito de Catarina falar.

As duas deixaram o quarto e ao sair do hospital encontraram Anita, uma das acolhidas no mesmo período de Magali.

– Oi, Ameli. Estava pensando como tudo aqui é bonito!

– Somos nós que conquistamos essa maravilha.

– Nós, você disse? Eu só fiz coisa errada, como posso merecer tudo isso?

– Seu trabalho, minha querida. Quando ajudamos alguém, também somos ajudados. Crescemos através das nossas obras.

– Como Deus é bom.

– Ele nos dá oportunidades e cabe a nós aproveitarmos.

– Pena que descobrimos isso tarde, não é Ameli?

– Nunca é tarde, quando queremos ajudar.

– Sim. E nunca é tarde para repararmos os nossos erros. Eu mesma já recebi a notícia de que em breve eu retorno para a Terra – disse Magali, entrando na conversa.

– Eu também não devo demorar. Mas ainda tenho medo. Sou muito fraca e me deixo levar com facilidade.

– Existem cursos aqui para você se fortalecer, Anita. E suas experiências que não deram certo também podem lhe servir de alerta. A gente é muito ajudada quando na Terra. Mas precisamos nos ligar com Deus e com nosso mentor espiritual. Todos nós temos quem nos ajude. Mas precisamos pedir auxílio e saber também ouvir o que nos é enviado.

– Isso é verdade. Mas a gente esquece.

– Quando estamos na Terra, corremos em busca dos interesses materiais e pensamos que morrendo tudo acaba. Quando percebemos que continuamos vivos, ficamos com medo que alguém descubra o que fizemos.

– Sim, mas quando encarnados somos muito ajudados. Quantas vezes não somos aconselhados durante o sono e lembramos, como um sonho, de verdadeiros direcionamentos em nossa vida. Somos ajudados pela inspiração e pela intuição. Precisamos acreditar que com esforço estaremos sempre melhores e muito auxiliados.

– Nossa, Ameli, você está inspirada!

– Espero que nós não nos esqueçamos de tudo isso quando reencarnarmos.

Todas riram juntas.

Magali já havia sido levada em um primeiro contato com os seus futuros pais, enquanto eles dormiam. O receio de Magali de não ser aceita foi rompido, quando viu como Toni estava disposto em aceitá-la como filha. Algum tempo depois, tudo estava pronto para a concepção.

Ameli estava radiante, ao ver o seu ex-marido recebendo a sua irmã, como prova de amor fraterno e de perdão.

Morando em um palacete na Europa com seu marido, Catherine assumira também seu compromisso com a maternidade, recebendo irmã Augusta como uma filha querida, para continuar a sua missão na Terra.

Também não demoraria, a baronesa faria seu retorno ao plano terrestre. De coração bom e agradecida pelo que recebera de auxílio das pessoas mais simples, que a serviram quando em vida na Terra, Josefina fazia planos de retornar junto aos mais simples. "Sei que não vai ser fácil, mas admiro aqueles que crescem muito próximos do trabalho. São fortes e conseguem resistir melhor às dificuldades, com equilíbrio e força." Gostaria muito de me esforçar nesse aprendizado – dizia.

Em pouco tempo, a baronesa era apenas mais uma das crianças do povoado, próximo a uma fazenda. Junto aos pais, e com mais cinco irmãos, dividiam o pão, superavam as dificuldades, mas eram felizes.

Fazendo um balanço sobre tantas experiências vividas e alisando se já também não era hora de programar o seu retorno ao plano terrestre, Ameli permanecia absorta em um banco no jardim, observando os raios do sol atravessando as pétalas das rosas que rodeavam o chafariz.

– Olá, Ameli. Refazendo suas energias?

– E tem lugar mais convidativo do que este?

– Realmente a natureza nos aproxima de Deus. Olha estas flores! Permanecem aqui, sem pedir nada em troca. Apenas nos oferecendo perfume e este quadro de cores encantadoras.

– Eu sempre que posso venho meditar por aqui.

– E você, Cecília, há quanto tempo está por aqui?

– Faz muitos anos. Mas para mim, foi ontem mesmo que cheguei. Quando nos entregamos ao trabalho, perdemos a noção do tempo. Lembramos só do que é bom e não temos tempo de lamuriar sobre o que passou.

– Você nunca comentou sobre o seu passado.

– Nem sei se vale a pena comentar. Se não for com um bom propósito, é preferível calar.

– Mas quem disse que não será?

# 22
## Histórias de superação

FIQUEI PENSATIVA, SOBRE a utilidade de falar ou não sobre nossas experiências de vida. Anadeli e Ameli olhavam para mim, aguardando que eu iniciasse:
— Bem, eu nasci numa família de posses. Meus pais eram muito enérgicos — comecei. Cresci num ambiente hostil e sem vontade própria. Meu pai era capitão do exército e não admitia o que chamava de descaso, por parte dos filhos ou esposa. Meu irmão mais velho trabalhava com ele e desde os primeiros anos de vida foi preparado para servir à pátria.
— Mas, e aí, Cecília? — atenta, Ameli incentiva.
— Minha experiência é muito igual a tantas outras, comuns, na época em que vivi na Terra. Os interesses da família, a busca pela segurança financeira, o *status*, tudo o que era material acabava falando mais alto, quando o assunto era o futuro dos filhos. Meu pai nomeou por conta própria a pessoa com quem eu deveria me casar.
Mergulhando em minha história, contei:

Um dia, meu pai chegou em casa, acompanhado por um homem chamado Marcus; mandou nos chamar e nos apresentou como sendo o conde. Ao vê-lo, senti algo estranho. Não gostei do seu olhar. Ele me olhava e eu disfarçava. Após longa conversa com meu pai, ele se retirou e, eu, no meu quarto, fiquei preocupada, sem saber por quê. Dias se passaram. Estávamos em guerra e quando meu pai convocou o exército, veio com ele um soldado da cavalaria. Ao vê-lo, senti que já o conhecia. Tentei lembrar-me de onde. Aquele olhar, aquela voz, me tiraram a paz. Quem seria ele?

Ao jantar, meu pai comunicou que iria viajar com o comandante da cavalaria, seu homem de confiança, que levara para o jantar.

Meu Deus, então ele é o comandante! – Meu coração disparou.

Terminado o jantar, minha mãe sentou-se ao piano e tocou uma linda canção.

Eu não tirava o olho daquele belíssimo rapaz e ele também correspondia. Com medo que meu pai percebesse, pedi licença e fui ao terraço. Não demorou muito e senti que ele se aproximava. Virei e o vi ali, bem na minha frente.

– Desculpe-me, senhorita... Saí para tomar um...

– Fique à vontade, já estava de saída.

– Não, por favor, fique.

Assustei-me. Meu coração parecia sair do peito, de tão forte que batia.

– Desculpe, mas tenho medo que meu pai nos veja.

– Corro esse risco, mas tenho que dizer que fiquei encantado com a senhorita. Posso saber o seu nome?

– Meu nome é Circy.

– Prazer, Richard.

Pensei em correr, mas minhas pernas não obedeciam e ele percebeu que eu também me interessara por ele.

Resolvi entrar para que meu pai não nos visse, quando ele disse:

– Voltarei, se a senhorita permitir.

Só balancei a cabeça, concordando.

Subi para o meu quarto e chamei Flávia, minha criada, pedindo que me preparasse um chá, que eu estava nervosa.

– Aconteceu alguma coisa, senhorita?

Ainda não mas vai acontecer, se eu não mudar este pensamento.

Ela não entendeu nada; trouxe-me o chá, que eu tomei, deitei, mas não consegui dormir. Aquele olhar não me saía da mente.

Meu Deus, o que vou fazer agora? Meu pai me mata se souber que estou gostando dele.

Alguns dias se passaram e Richard voltou. Desta vez, dei um jeito de nos encontrarmos no bosque.

Meu pai havia saído para atender a um chamado de seus superiores e eu, saí para o jardim. Ele me acompanhou, abraçou-me com carinho e nos beijamos. Ficamos apaixonados. Ele era a minha vida, nada mais me importava.

Passamos momentos maravilhosos, até que, um dia, papai chegou com a notícia de que o tal conde iria à nossa casa. Viria tratar de um assunto importante.

Meu Deus, que assunto importante seria este? Meu coração dizia que era sobre mim.

Não permita, meu Deus. Não suportaria esse homem junto de mim.

Andava de um lado a outro, meu coração estava sem paz.

Mamãe percebeu a minha aflição e eu me abri...

– Mamãe, me ajude. Estou com pressentimento que aquele homem quer falar com papai sobre mim.

– Fale com ele, me ajude. Alguma coisa, aqui dentro, me diz que vou sofrer muito.

– Não, querida, não sofra antecipadamente. Deixe as coisas acontecerem normalmente.

– Eu sou jovem, mamãe, aquele homem é velho, eu não quero nem pensar.

– Fique calma, que tudo se resolve. Mas se for verdade que ele está interessado, não poderemos fazer nada. Você sabe como é seu pai, não aceita a opinião de ninguém.

– Eu sei.

– As lágrimas caíam dos meus olhos e senti uma dor profunda no meu peito. Eu pensei: "Eu fujo mas não fico com aquele homem".

À noite, quando o conde chegou, eu estava inquieta. Meu pai disse:

– O conde Marcus veio pedir o meu consentimento para cortejar a minha filha Circy.

Eu me assustei e fiquei pálida, senti uma espécie de desfalecimento e suava frio.

– O que aconteceu, filha?

– Deve ser emoção.

Tentei abrir os olhos, mas as pálpebras estavam pesadas, não tinha forças, me senti caindo num precipício. Tinha vontade de gritar, mas minha voz se calou. "O que será de mim, meu Deus, leve-me deste mundo" – pensava.

Nesse momento, ouvi a voz do meu pai.

– Vamos comemorar.

– Espere. Senhor, a sua filha não está bem – disse

o conde.

– Isso passa, senhor conde. Ela é jovem e tem muita saúde.

Naquele dia, começou o meu sofrimento; parecia que tudo estava desmoronando. Quando ele chegava perto de mim, meu corpo tremia.

Era estranho, como se eu soubesse algo muito ruim sobre ele. Eu tinha apenas quinze anos e ele, mais de trinta.

Como meu pai, um homem inteligente, permitia que sua filha se casasse com um homem como aquele? Parecia estar cego.

Eu chorava muito, não tinha mais alegria. Richard chegou para viajar com meu pai, e ele lhe disse que eu estava noiva do conde. Vi a decepção em seus olhos. Tentei me aproximar, mas não consegui. Pedi então para nossa serviçal de confiança, Flávia, levar-lhe um bilhete, explicando-lhe:

"Meu querido Richard. Estou sofrendo muito, me ajude. Liberte-me deste pesadelo. Prefiro morrer a ficar ao lado do conde. Você é e será o meu único amor. Por favor, não se demore, venha me buscar. Por favor, não me deixe só, ao lado desse homem. Espero por você. Um beijo de quem te ama muito. Sua Circy. Mande-me resposta."

Flávia saiu assustada; tinha medo do capitão, pois conhecia o seu gênio.

Richard estava no pátio e ela, oferecendo-lhe uma bebida, passou-lhe o bilhete.

Ele disfarçou, afastou-se e voltou com a resposta:

*"Querida Circy. Recebi o seu pedido de ajuda. Acredite que o meu coração está esmagado, com a dor de lhe perder.*

*Sem você não viverei. Pedi a Deus para não me deixar sair do campo de batalha vivo, se não for para tê-la ao meu lado; se voltar, tentarei, com todas as minhas forças, libertá-la. Deus há de nos ajudar. Beijos do seu amado."*

Quando o dia clareou, ouvi o som dos cavalos a saírem, apressados. Ao vê-lo, partindo no seu uniforme, senti-me desfalecer. Ele, atrás do meu pai, acenou-me e eu respondi com beijo.

Para mim, tudo se acabava. Era como se a terra fugisse dos meus pés.

– Você não está bem? – minha mãe me sondava, querendo saber.

– Está errado, mamãe, papai não tem esse direito; não pode arranjar-me casamento, com quem não gosto.

– Você não tem do que reclamar. O conde é um homem poderoso, rico, bonito e nobre.

– Eu não quero saber de nada dessas coisas. A senhora sabe que não valorizo riquezas.

– Sei disso e sei também que será feliz como condessa. Um dia você vai me entender.

– Nunca, mamãe, nunca.

O confronto das tropas demorou meses até que, numa tarde de primavera, eu estava à beira do lago e ouvi a chegada de um cavalo. Virei-me e, lá estava, em minha frente, o meu grande amor.

Esqueci-me de tudo e atirei-me aos seus braços e beijamo-nos apaixonadamente.

Da janela, papai via tudo e ficou desesperado.

Quando entramos em casa, ele já nos esperava e foi logo dizendo:

– Vá para o seu quarto, Circy, que eu e o comandante temos um assunto muito sério a tratar.

Senti que algo acontecera, para deixá-lo tão nervoso. Da escada, pude ouvi-lo dizer ao Richard que estava decepcionado. Afinal, quem ele pensava ser, para se considerar digno de sua filha? Fiquei desesperada; conhecia meu pai e sabia do que ele era capaz.

Não pensei duas vezes. Desci as escadas e corri para onde eles estavam.

– Eu o amo, papai e a culpa é minha.

– Vá para o seu quarto. A minha conversa é com o comandante.

– Não vou deixar que faça nada com ele, papai, faça comigo. Fui eu quem falou com ele.

– Pode deixar, senhorita, eu respondo por mim.

– Eu amo a sua filha, desde o primeiro momento em que a vi. Não sou nobre, mas sou um homem honesto. Nunca fiz nada que manchasse a minha dignidade.

Meu pai apontou o dedo para Richard e disse:

– Não pense que, por ser meu homem de confiança, dou-lhe o direito de chegar perto da minha filha.

– Mas senhor, o senhor não pode...

– Tanto posso, como pagará caro por me desafiar – disse meu pai cortando a explicação que Richard tentava dar a ele. E completou: – A partir deste momento, não está mais no comando e saia da minha frente.

Meu pai chamou os soldados e mandou que levassem Richard para um calabouço. Ele olhou para mim como se estivesse dizendo adeus. Eu tentava impedir que o levassem, mas em vão.

Fiquei por dias em meu quarto. Flávia me trazia notícias.

– A senhorita não sabe da confusão que aconteceu. O capitão mandou chamar o conde e contou a ele sobre o sinhozinho Richard. O conde mandou que buscassem o sinhozinho, humilhou-o, mas mesmo assim Richard disse-lhe que não deixaria de lhe amar.

– Aquele comandante, você não verá nunca mais – disse-me meu pai.

– Por quê? O senhor mandou matá-lo? O senhor pode matar o corpo, mas não matará o amor que eu sinto por ele e, em espírito, vamos continuar juntos.

Fui para o meu quarto e passei dias sem falar com ninguém e sem comer.

O conde veio me ver, mas quando viram que eu não ia ceder, o conde jurou vingança e meu pai ordenou que me levassem até uma cidade pequena, bem distante, para um convento.

Quando lá cheguei, achei-o um lugar estranho e não quis falar com ninguém. Aos poucos, as irmãs foram ganhando minha confiança. Mostraram-me o pomar, o bosque, o jardim e me levaram para ver as crianças, que viviam em condições muito precárias. O vazio do abandono de meus pais e da distância do meu amor foi, mesmo que pouco, sendo preenchido.

O tempo foi passando e um dos nossos irmãos do lugar onde eu estava, certo dia, nos contou que a guerra estava sangrenta, que o meu pai havia convocado muitos soldados e que até os civis estavam partindo em defesa da pátria. Sem notícias de Richard, eu não tinha mais esperanças de voltar a vê-lo. Só me restava orar por ele e por mim.

Assim, fui seguindo o meu caminho, ajudando a quem encontrava.

Pouco tempo depois, soube que o conde Marcus morrera em emboscada inimiga. Confesso que me senti aliviada.

Continuamos com a nossa missão de ajudar irmãozinhos infelizes, em comunidades próximas ao convento, eu sempre com o rosto coberto, para não ser reconhecida. O tempo passou, a guerra acabou e a paz voltou naquele lugar. Continuamos ajudando famílias que moravam nas proximidades, as crianças abandonadas.

Eu adorava ir ao bosque, rezar e falar com os pássaros. Os animais sempre me atraíam. Passei a alimentá-los e as irmãs se admiravam, ao ver como eu me comunicava com os pássaros.

O tempo passava e me me perguntava por que minha mãe nunca fora me ver, nem mandava notícias.

Um dia, no bosque, ouvi o barulho de carroça e, ao olhar, reconheci minha criada, Flávia. Corri ao seu encontro e ficamos abraçadas, por um bom tempo.

– Como você está, menina?

– Do jeito que você está vendo. Viva.

Meu Deus, o capitão não podia ter feito isso com ocê.

– Não podia, mas fez.

– E então, Flávia, conte-me como está minha mãe.

– Doente, muito fraca, chora escondido do vosso pai.

– Eu não entendo como uma mulher pode ser tão submissa como a minha mãe.

– Fazer o quê, menina, ele foi criada assim. E não vai perguntar do seu pai?

– Pai, Flávia? Será que eu tenho pai?

– Pois ele continua do mesmo jeito. Tem dia que chega e ninguém aguenta. E ele não pergunta pela menina Circy. Nesse momento, não consegui segurar as lágrimas. Chorei muito e Flávia tentava me consolar. O desprezo doía muito no meu coração. Mesmo assim, agradecia a Deus por estar numa condição diferente, de poder fazer o bem aos meus irmãos.

– Eu vim aqui escondida, com o Narciso, mas ele morre de medo do patrão. E tem que ter mesmo, mau do jeito que ele é quem não tem?

– Eu não tenho Flávia.

– A menina é a mais corajosa que já vi. Agora preciso ir, sinhazinha, se ele voltar e não me encontrar, você sabe como é.

– Ah, já ia esquecendo, sua mãe mandou isto pra você.

– Pode levar de volta, diga pra ela que não quero.

– Mas você nem vai ver?

– Fala pra ela que não precisa se preocupar comigo, eu já encontrei um motivo para viver. Obrigada por lembrar de mim. Só me diz uma coisa, você não soube mais nada sobre o Richard?

– Um dia, logo depois de você sair de lá eu ouvi o patrão dizer que o sinhozinho tinha recebido o que merecia.

Meu coração disparou, tinha vontade de gritar, parecia que estavam arrancando-o de dentro de mim. Senti tudo rodar e caí. Desmaiei.

Me vi andando por um caminho. O ouvi uma voz que me chamou atenção, pensei: "Eu conheço esta voz". Continuei a caminhar, depois de mais alguns passos ouvi novamente a voz, agora mais perto, era uma voz cansada.

Parei, olhei, ia saindo quando vi alguém caído. Corri ao seu encontro e lá estava o Richard ferido. Eu abracei-o e ele falou cansado:

– Circy, meu amor, tentaram me matar.

– Quem fez isso, amor?

– Seu pai e o conde.

Fiquei com ele por um tempo. Acordei sem entender nada do que havia acontecido.

Hoje sei que me desdobrei espiritualmente naquele momento. Via Richard sendo torturado, pedindo por socorro, vendo tudo o que se passava com ele, inclusive chamando por mim. Foi a grande prova de que a força do nosso pensamento nos leva para onde quisermos. Naquele momento, eu percebi que alguma coisa do passado tinha deixado marcas em mim. Como eu poderia sentir tanto pavor, ao me aproximar do conde Marcus? E o que explicava a sensação de já conhecer o Richard assim que o vi pela primeira vez?

Demorei para aceitar tudo o que havia me acontecido. Senti muito pelo abandono por parte de minha mãe. Tão submissa, coitada.

Quando voltei a mim, Flávia estava transtornada. Eu a tranquilizei, dizendo que estava bem e contei a ela tudo o que eu vira. Flávia me abraçou com muito carinho antes de ir, como se fosse minha mãe.

O tempo passava rapidamente, com as visitas e os trabalhos, nem percebia o tempo passar.

Um dia recebemos a visita de um reverendo, amigo do meu pai, que veio a mando da mamãe avisar que meu pai tinha morrido.

Confesso que não senti nada, era como se fosse um estranho; meu coração continuava machucado. Eu perguntei:

— O que quer que eu faça, padre?

— Sua mãe pede que me acompanhe para o enterro.

— Diga-lhe que não irei, não quero envergonhá-la perante os amigos.

— Não pode ser tão rancorosa filha, é preciso perdoar.

— Não posso ainda, padre. Porque me aproximar agora, se em vida ele não me quis por perto?

O Padre chamou a irmã Clara e pediu que interferisse, que tentasse me convencer.

Mas o padre saiu e eu fiquei ali, parada, com meu coração apertado.

— Você é muito forte, Cecília, não sei como aguentou — comentou comigo Anadeli.

— Você também passou por coisas iguais e está aí, firme e forte, minha amiga.

— É, tem razão, é Deus que nos dá força.

— Com certeza, e só assim venceremos. E aí, o que aconteceu? — perguntou Ameli.

Vendo a minha dor, irmã Clara se aproximou e me convidou para visitarmos, perto do convento, uma família num pequeno casebre; um casal e quatro filhos. Chegamos e encontramos a pequena Sara sentada na porta, brincando com um cachorro.

— Como está, criança? — falou a irmã.

— Bem, irmã.

— Sua mãe está?

— Não senhora, foi para a roça.

— Você está sozinha?

Ela balançou a cabeça que sim. Fiquei com pena, de ver que não tinha o que comer.

– Vê, filha, há pessoas com situações piores – irmã Clara lembrou.

Fomos buscar alimentos. Ajudamos no que mais necessitavam e voltamos.

À noite, me deitei e fiquei lembrando o que aconteceu, do padre, da Flávia, e senti saudades da minha mãe. Pensei, dois anos se passaram e só agora ela se lembrou de mim. Lágrimas rolaram pelo meu rosto. Já era tarde quando adormeci. Sonhei que estava numa festa, num lugar estranho, devia ser um país estrangeiro, pela vestimenta das pessoas.

Pensei, que lugar é este? Me aproximei de uma mulher e perguntei:

– Onde estamos?

– México, *mija* – respondeu-me ela com sotaque.

Fiquei assustada, logo me vi num casarão cheio de luzes, na parede um brasão, eu estava vestida com roupa típica. Vi quando entrou um belo rapaz acompanhado por dois outros, que me cumprimentou com um beijo e me chamou de querida. Em seguida me apresentou os rapazes.

– Estes são os comandantes do navio. Estão de passagem. Vou viajar com eles a negócios e estarei ausente por duas semanas.

Senti medo, mas não falei nada. Dias se passaram e chegou uma carta avisando que o capitão Alvarez não retornaria da viagem no dia marcado. Fiquei preocupada.

Eu estava em outro corpo, mas sabia que era eu. Passaram-se alguns dias, em companhia de algumas amigas, ouvi quando, sem me verem por perto, comentaram:

– Coitada da Carmélia, com tão pouco tempo de casada e já sendo traída pelo marido.

– É mesmo, coitada, só ela que não sabe.

– Pois é, ela pensa que ele viajou a negócios e ele está lá se divertindo.

– O que você sabe do Ricardo, Mara? Fala logo –insisti.

– Sabe o que é, Carmélia, é que ele tem outra mulher que mora perto do cais, uma morena.

– Como você sabe?

– Júlio me contou. Fui para casa e duas horas depois ele chegou todo nervoso.

– O que aconteceu, querida? Me avisaram que você não está bem?

– Eu estou com mal-estar, onde você estava que demorou tanto?

– Aconteceu muita coisa, depois te falo. Resolvi falar o que sabia e ele acabou falando que tinha se envolvido com uma moça chamada Rosane.

Eu quase morri de ódio e a partir daquele dia conheci o verdadeiro capitão Alvarez, que até então não conhecia. Nossas brigas corriam soltas. Doída e imatura, em uma festa de militares, tempos depois, conheci um rapaz que me chamou atenção e acabamos nos envolvendo. Em pouco tempo estávamos apaixonados. Ricardo descobriu e nós acabamos fugindo para a Espanha, lá vivendo por alguns anos, até que ele morreu num acidente.

Hoje sei que ele era o Richard e o Ricardo, o conde Marcus.

– Quando acordei, transpirava muito e me sentia cansada. A irmã Alcina dormia no mesmo quarto que eu, e me vendo acordar ofegante, logo perguntou:

– O que você tem, Circy?

– Tive um sonho estranho.

– Cuidado com os sonhos – falou ela – que nos levam à perdição.

– Resolvi não falar nada sobre o assunto.

Alguns meses depois veio a notícia de que meu irmão, Cícero, havia morrido em uma de suas viagens. Chorei muito, lembrei da nossa infância, pensei na minha mãe, mas nada eu poderia fazer.

Vários meses se passaram e, certo dia, recebemos um chamado de uma pessoa de um lugarejo distante para levar ajuda aos necessitados e enfermos e fui convidada a acompanhá-los. Viajamos três dias, eu, a irmã Ivete e Álvaro, que nos ajudava em tudo.

Chegamos no local numa sexta-feira por volta das dezesseis horas. Estávamos cansados. Uma mulher idosa nos recebeu.

– Sejam bem-vindos, meus irmãos, estamos sofrendo muito. Os irmãozinhos que atendemos estão em estado lastimável. Temos pouco alimento, poucas roupas e cobertores.

– Não se preocupe, senhora, nós trouxemos agasalhos e alimentos.

– Deus seja louvado. Mas vejo que estão exaustos. Descansem, amanhã começaremos nossa luta.

A irmã Ivete perguntou como ela se chamava, e ela disse ser Maria o seu nome. Passamos a noite encostadas numas camas em que dormiam alguns enfermos. Levantei pela manhã com o corpo todo dolorido. Tomamos café e fomos ver os enfermos.

Entre eles havia um jovem que dava pena; magro, machucado, mal podia falar. Cheguei perto dele, peguei em suas mãos, perguntei como ele estava. Ele olhou pra mim com os olhos apagados, neles se via quanto sofrimento havia passado. Deixei-o quieto, limpei suas feridas e o alimentei com um caldo feito pela irmã Ivete. Outro idoso com uma ferida enorme na perna gemia o tempo todo. Fazia dó. Passaram-se alguns dias. Eles já estavam um pouco mais fortes. Conversei com o rapaz, perguntando o que havia acontecido e o seu nome, ao que me respondeu chamar-se Jonas. Disse que estava preso num calabouço, e que depois que o capitão morreu, sua esposa deu ordem para libertá-lo. Perguntei quem era o capitão e não acreditei quando ele disse o nome do meu pai.

– Tem certeza que é esse o nome?

– Tenho sim, a esposa dele é muito boa, se não fosse ela, estaríamos todos mortos.

Perguntei quantas pessoas tinham lá e ele respondeu que eram cerca de vinte. Perguntei também onde estavam os outros e ele disse que uns haviam ficado para trás, por não aguentarem chegar até ali.

Fiquei aflita, meu coração disparou, meu pensamento se confundia, perguntei ao Jonas se ele era capaz de nos levar até o local onde ficaram os outros, ele disse que era muito longe e não sabia se aguentava andar até lá. Perguntei se iria de carroça, ele respondeu que assim daria.

Perguntei porque o prenderam e ele disse que foi porque foi pego levando uma carta do comandante para a filha do capitão. Levei um choque e perguntei o que tinha acontecido com o comandante.

– Foi muito triste, moça, eles bateram nele até perder o sentido. Depois penduraram na parede com correntes e o deixaram lá um dia inteiro. Quando ele acordou, gemia muito e pediu água, dava pena. E o conde também o maltratava. Uma vez, cuspiu no rosto do comandante e disse que era para lembrar que ele não era ninguém para chegar perto da menina Circy. Eu não quis saber do final, do que mais o menino tinha a dizer. Saí de perto apressada e chorei.

– Meu Deus, não precisa recordar tudo isso e sofrer de novo – aconselho-me Anadeli.

– Mas me sinto aliviada ao contar para vocês.

– E eu pensei que a minha história fosse a pior de todas e agora vejo que vocês sofreram muito mais.

– É, Ameli, você não pode imaginar como foi difícil. Perdi toda minha família. Hoje sei os motivos, mas naquela época sofri muito.

– Continua, depois você voltou a falar com o Jonas?

– Só no outro dia, ele me falou que o Richard estava vivo. Era um dos que ficaram para trás.

Saí apressada e fui conversar com a irmã Ivete. Contei que Richard estava vivo.

– Que bom, Circy, onde ele está?

Contei que estava com outros homens que ficaram pelo caminho, enfermos, e que eu precisava procurá-lo.

– Não pode filha, é muito longe, você não aguentará a viagem.

– Eu preciso irmã, só assim terei paz.

– Sinto muito, não podemos nos ausentar por mais tempo. Temos que retornar ao Lar. Já faz dias que saímos, mas falaremos com o Álvaro. Para um homem é mais fácil e menos perigoso; tenho certeza de que ele aceitará.

Saí ansiosa. Eu precisava vê-lo. No dia seguinte, Jonas explicou ao Álvaro o caminho para chegar até os outros enfermos e nós iniciamos a viagem de retorno ao Lar. Três dias depois, estávamos no Lar de Maria. Álvaro foi à busca dos enfermos juntamente com Juarez, um jardineiro que vivia no lugarejo onde estávamos. Esperei ansiosa vários dias. Irmã Clara veio falar comigo e pediu que eu me acalmasse, afinal algo já havia mudado, já existia a esperança de vê-lo novamente. Pensei muito e achei que ela estava certa.

Mais de quinze dias se passaram e nada de notícia; até as irmãs estavam preocupadas.

Numa sexta-feira, acordei após um sono agitado, tomei o desjejum e fui regar as plantas. Fiquei observando os pássaros e orei com fervor, pedindo a Deus que não deixasse o Richard morrer, foi quando não sei de onde apareceram várias borboletas, voando em torno de mim. Pensei, meu Deus, é um aviso, eles devem estar chegando.

Esperei o dia inteiro até que ao anoitecer ouvimos barulho de carroça. Saí apressada para ver quem estava chegando. Me aproximei e dentro da carroça estavam três homens magros, barbudos e com machucados por todo o corpo. Pensei, meu Deus, como vou reconhecê-lo, eles não abriam os olhos, estavam fracos.

Fizemos um caldo e os alimentávamos bem devagar. Eu fui atender um que estava com o corpo cheio de feridas, por causa dos galhos das árvores. Quando coloquei a sopa em sua boca, ele gemeu e abriu os olhos, meu coração disparou, era ele.

Eu chorava e ria ao mesmo tempo. Depois de ingerir algumas colheradas ele adormeceu. Eu o coloquei sobre um colchão e fiquei algum tempo perto, orando. As lágrimas que tentei segurar caíam pelo meu rosto, mas continuei pedindo a Deus forças para ele, para mim. "Pai de Misericórdia, olhe por nós, ajude-nos. Dá-lhe mais uma chance de viver." Estava cansada, fui para meu quarto e adormeci rapidamente, sonhei que uma mulher de vestes azuis veio em minha direção e estendeu os braços, entregando-me uma toalha e dizendo: Vá filha e cubra-o com este pano que ele voltará. Peguei o pano e assim eu fiz. Acordei assustada, me vesti e fui vê-lo. Ele estava com os olhos abertos. Já não pareciam os mesmos de antes.

– Como está, meu querido?

Ele ficou me olhando e respondeu:

– Quem é você?

– Eu sou a Circy, seu amor.

Ele continuou me olhando sem dizer nada, mas dos seus olhos caíram algumas lágrimas.

– Não chore, agora você está seguro.

Ele nada falava. Olhava para o vazio. Aquele olhar distante me deixou aflita. Só me restava rezar.

– E aí Cecília, ele voltou à realidade?

– Não, Anadeli, ele continuou assim, perdido. Não sabia quem era, não me reconhecia.

– Coitada, amiga, você estava perto e ao mesmo tempo longe!

– Eu me conformei, eu o amava tanto que o mais importante era saber que ele estava vivo e perto de mim.

O tempo passou, eles iam se recuperando fisicamente. Álvaro colocou-os em uma pequena casa nos fundos do Lar, eles nos ajudavam plantando, limpavam a terra e às vezes saíam com Álvaro para fazer compras.

Para ele eu era uma estranha. Às vezes me dava vontade de abraçá-lo. Um dos irmãos que chegou com ele, Joaquim, estava consciente. Era já de idade mais avançada e um dia veio conversar comigo, contando todo o sofrimento por que passaram.

– Sabe, senhorita, aquele conde era um carrasco, nunca vi pessoa tão perversa, sem coração.

– Eu sei, Seu Joaquim, eu também tinha muito medo dele.

– A senhorita se livrou daquele perverso? Foi uma bênção de Deus.

– Mas esse aí, coitado, como sofreu só por amor. Ele apanhou muito na cabeça.

– Ainda bem que irmã Clara atendeu ao chamado de ajudar as pessoas que tinham chegado do campo de batalha. Consegui ir junto, porque consenti que me chamassem de Maria Cecília em vez de Circy e que eu usasse o hábito, para que não fosse reconhecida por ninguém.

Mas, imagine, já estava ali há três anos e não havia mais motivo para eu não ser identificada. Mas achei melhor assim. Mudei meu nome e a vestimenta. Acabei me acostumando.

Já fazia tempo que o Richard estava conosco e, um dia, estava trabalhando colhendo legumes. Cheguei com cesta onde eu havia colocado as hortaliças, ele olhou pra mim e falou:

– Circy!

Assustei e perguntei o que tinha dito. Dos olhos dele caíam lágrimas. Olhei para ele e não aguentei, abracei-o; ele me apertou em seus braços.

Corri para contar para as irmãs que ele havia me reconhecido. Irmã Clara ficou feliz com a recuperação dele, mas me avisou que ele não poderia mais ficar ali.

– Por que irmã?

– Não fica bem, filha, você sabe. No convento, não temos homens. Ele estava numa condição de assistido.

– Mas irmã, eu não fiz votos.

– Mesmo assim, as pessoas vão comentar.

Saí desolada e fui para o bosque meditar um pouco. Tentava entender porque a vida não favorecia em momento algum para que ficássemos juntos. Passei a noite em claro, pensando numa forma de solucionar aquele problema. Não demorou a resolvi que iria voltar pra minha cidade. Foi quando irmã Clara me falou:

– Cecília, você precisa nos deixar. Aproveite que estamos indo para sua cidade e fique com sua mãe.

Eu não conseguia entender por que as convenções sociais entravam de novo no meu caminho. Saí à procura do Richard e encontrei-o no bosque. Vendo-me se aproximar, ele me olhou com ternura e falou:

– Eu me lembrei de tudo. Que bom que estamos juntos novamente. Mas, como veio parar aqui?

– É uma história longa. Mas antes, eu preciso falar uma coisa pra você. Quando a irmã Clara ficou sabendo que você está recuperando sua memória, disse que não posso ficar mais aqui. Ela sabe de nossa história.

– Não! Não pode ser verdade, tudo está conspirando contra nós.

– Pois é, eu decidi que vou-me embora amanhã.

– Não, você fica e eu vou.

– Como? Para onde irá?

– Vou para minha casa, meus pais moram no norte do país, preciso saber o que aconteceu com eles esse tempo todo.

– Não sei se vou aguentar passar por tudo de novo. Estamos juntos e ao mesmo tempo separados. Repare, onde vamos tem sempre alguma coisa impedindo nossa união.

– Que pena, Circy, agora poderíamos ser tão felizes!

Assim, combinamos que ele iria e quando resolvesse a sua vida, voltaria para me buscar. E ali fiquei eu, com minha solidão e a minha tristeza, que eram minhas companhias. No outro dia, nos despedimos.

Uma semana depois, veio um mensageiro me dizer que minha mãe havia partido e estavam esperando por mim. Resolvi, então, voltar para minha casa.

Chorei pela perda de minha mãe. Quando cheguei em minha velha cidade, todos comentavam sobre minha ausência, por ser eu a única herdeira de tudo que meus pais haviam deixado.

Após o funeral, eu resolvi vender tudo. Meses depois, voltei ao Lar de Maria e deixei como doação uma boa quantia que daria para viverem tranquilamente.

Passei uns dias com eles esperando notícia do Richard. Mas, na falta dela, resolvi ir para outra cidade, enviando o meu endereço ao Lar para que entregassem ao Richard, caso ele aparecesse.

Esperei por meu amor em vão. Haveria de continuar minha vida. Comprei terras e mandei construir uma casa para atender aos necessitados. Encontrei pessoas bondosas, que me ajudaram nesta tarefa.

Muitos foram os assistidos. Como Maria Cecília, e usando uma vestimenta branca, eu passava meu tempo de solidão em contato com a natureza, fazendo o bem.

Foram trinta e cinco anos de trabalho fraterno. Um dia, eu estava no jardim, cuidando das margaridas. Era final de tarde e lembro que o horizonte estava lindo, com o sol se pondo, quando ouvi alguém bater palmas. Levei um susto.

EM NOME DO AMOR | 241

– Você?

– Por favor, me ajude, estou fraco.

Levei-o para dentro e dei-lhe de comer. Flávia, já com idade avançada morava comigo. E, assustada, ela o reconheceu:

– Meu Deus! É o senhor Richard?

– É ele mesmo, Flávia.

– Que sorte a sua menina, viveu todos os seus dias de solidão pensando nele e agora ele volta!

– Pois é, não estou nem acreditando.

– O que vai fazer agora?

– Vou ajudá-lo.

– Que bom estar de volta. Quando cheguei em minha terra, meus pais haviam perdido tudo e estavam doentes. Dois anos depois minha mãe faleceu. Fiquei cuidando do meu pai, que não andava mais. Dependia de mim para tudo e estava muito doente. Eu não tinha tempo para mais nada. Cuidei dele por cinco anos e, quando faleceu, eu herdei as dívidas, que consegui pagar com o que restava de dinheiro deles.

Procurei trabalho, mas não consegui nada. Acabei trabalhando no porto, carregando caixas. Fiquei doente, sem ter como voltar. Escrevi cartas para você e não obtive resposta.

– Como você veio parar aqui? – perguntei entre lágrimas e chocada. Não parecia meu Richard. Estava tão acabado! Em seus olhos, só via sofrimento.

– Fui trabalhar num navio cargueiro, por sete anos. Até eu pedir para vir pra cá. Eles consentiram. Deixaram-me no porto, onde comecei a pedir para um, para outro, até que encontrei um coração bondoso que me levou até o Lar de Maria, onde consegui seu endereço.

– Meu Deus, o tempo passou que nem vi, não sei o

que seria de mim, não fossem os animais e a natureza, que me deram forças para continuar minha vida.

– E aí Cecília, vocês ficaram juntos? – perguntou Ameli, curiosa.

– Como amiga? Ele estava muito doente, quase irreconhecível. Mais parecia um estranho! Fiquei cuidando dele como fazia com os outros, continuando assim meus dias. Flávia já partira também, vindo trabalhar comigo uma mulher muito corajosa e com coração bondoso, chamada Rita. Delicada, me ajudava no trato dos enfermos, andarilhos e crianças abandonadas.

Aquela casa era abençoada. Na frente eu havia colocado a placa: "Jardim das Hortênsias", junto a um pé sempre carregado de flores, o que me dava alegria e coloria o meu viver. Porque, apesar de tudo, eu sempre agradeci a Deus por tudo.

Um dia, eu estava conversando com Richard. De olhos fixos em mim, ele me disse, com os olhos em lágrimas:

– Tenho uma coisa guardada para você. Ia lhe dar no dia em que fui preso.

– Como você guardou sem que eles vissem?

– Dentro de uma boina que eu usava no meu trabalho, no acampamento. Aqui está.

Eu abri o envelope e lá estava um camafeu com o retrato de uma mulher e uma carta, o papel estava amarelado.

– Meu Deus, não acredito, como você conseguiu?

– Leia – disse ele.

Fiquei parada, não conseguia segurar a emoção.

– Não quero que chore, você é minha vida, nunca pude estar ao seu lado, mas eu a tenho aqui – bateu no peito.

Abracei aquele corpo com dor no coração.

– Circy, quero que saiba o que sinto por você. Leia com atenção o que está escrito, o que não pude falar pessoalmente.

– Faz tanto tempo que já perdi a conta.

– Faz exatamente quarenta anos.

Fiquei ali, olhando a carta, não sei por quanto tempo. Parecia que estava sonhando. Comecei a lembrar de quando o conheci, sua beleza, aqueles olhos lindos, tão diferentes daqueles envelhecidos que estavam na minha frente.

– Leia, Circy, eu quero ter certeza de que você tomou conhecimento do que sinto.

– Sente?

– Sinto, e sentirei sempre, porque você foi e será a minha vida.

Abri a carta, respirei fundo e comecei a ler:

*"Querida Circy, meu grande amor.*

*Não sei se conseguirei expressar todos meus sentimentos nestas palavras, mas foi a única maneira que encontrei de lhe falar do que trago em meu coração.*

*Fomos ao campo de batalha, lutei com toda a força de minha alma para continuar vivo e voltar para seus braços. Pelo menos eu pensava que seria assim.*

*Deus permitiu que eu retornasse com vida. Eu estava ansioso para tê-la junto de mim. Muitas vezes seu pai falava comigo e eu não ouvia, pois meu pensamento estava em você.*

*Contava os dias, as horas e os minutos para reencontrá-la. Você foi a coisa mais importante que me aconteceu. Você deve saber o que é ficar longe de quem amamos.*

*Nunca duvide do meu amor. Se for preciso, morrerei por você.*

*Se por algum motivo não for permitida a nossa união,*

enquanto eu viver, estará comigo, no meu coração, como uma chama ardente.

Querida, seus olhos são as luzes que iluminarão meu caminho. Suas palavras ficarão gravadas para sempre na minha mente, a maciez da sua pele me fará sentir-me vivo. Não sei o que me espera. Sei que seu pai e o conde estão à minha procura. Se me pegarem, só peço a Deus que esta carta chegue em suas mãos, para que saiba o quanto a amo. Se eu não ficar com você, nada mais terá sentido. Meu coração bate mais forte quando penso em você. Este amor é tão forte que me alimenta, me mantém vivo.

Se chegar a receber esta carta, lembre-se de que nestas palavras estão o sentimento mais puro e profundo que alguém pode ter. Às vezes acho que de tão forte, este amor irá me sufocar.

Eu queria ser as lágrimas que cairão dos seus olhos quando ler esta carta, só para estar junto de você. Pois não sei se quando recebê-la ainda estarei nesta Terra.

Por favor, não me esqueça, como jamais lhe esquecerei.

Junto com a carta, segue este camafeu, uma joia de família que só uma pessoa como você será digna de usá-la. Peço que a use, para que nunca esqueça de mim.

Amo você, minha querida, com toda força do meu coração. Você é minha estrela-guia, e me guiará na estrada da vida, dando-me força para continuar.

Circy, amor-perfeito, que me conduz ao mais belo dos paraísos.

Circy, minha margarida, minha flor em botão.

Circy, luz divina, amor do meu coração.

Se eu pudesse, lhe daria o mundo, a colocaria junto com as estrelas para que todos pudessem ver o seu brilho. Como

*não posso, a guardarei dentro do meu coração, para que seja*
*sempre minha estrela-rainha.*
*Faço uma pausa para me recompor, pois a emoção tomou*
*conta de mim. Continuo dizendo que você será sempre a*
*luz que iluminará os que estão na escuridão, o consolo dos*
*aflitos, a força dos fracos e oprimidos, porque em você todos*
*encontrarão um porto seguro para seu barco ancorar.*
*Sei que você é meu escudo.*
*Tenha certeza de que tudo o que eu falo é verdadeiro. Eles*
*podem acabar com meu corpo, mas jamais acabarão com o*
*meu amo, que é eterno.*
*Onde eu estiver, você estará comigo. Acredite, desde o primei-*
*ro momento que a vi, senti o que sinto até hoje e sempre sentirei.*
*Se eu não estiver presente, quando estiver lendo esta car-*
*ta, tenha certeza de que estarei com você no meu coração.*
*Beijos e beijos, de quem a ama mais que a própria vida*
*Seu grande amor,*
*Richard"*

– E aí amiga, o que aconteceu?
– Cada palavra fazia meu coração pulsar com mais
intensidade. Olhava para ele, sentado à minha frente,
com aquele corpo frágil. As lágrimas rolavam pelo meu
rosto sem que eu pudesse me controlar. Mesmo vendo
aquele olhar tão envelhecido, senti um amor ardente,
como no primeiro dia em que nos abraçamos. Não pensei em mais nada, me atirei em seus braços e nos beijamos apaixonadamente.
Olhando-me, ele disse – agora querida, eu posso morrer, que morrerei feliz. Este momento valeu por tudo
que passei. Agora estou em paz. E estas foram suas últi-

mas palavras. Com elas também iam minha esperança, minha vida, meu grande e eterno amor. A partir daquele dia, eu corria pelo campo e agradecia a Deus por ter trazido Richard para mim. Lembrava sempre de cada palavra escrita por ele e isso me dava forças para continuar minha caminhada.

Continuei trabalhando, ajudando meus irmãos, ficando na Terra até completar setenta e cinco anos. Nada do que fosse problema era maior do que tudo o que eu já havia superado até então.

– Vai saber também se minha história tem algo de semelhante. Estou me preparando para mergulhar nesse passado. Querendo ou não, fui privada de um convívio mais longo com o Toni e com minha filha – reflete Ameli, vendo que Cecília dava por encerrada a sua narrativa.

– Também a história de Anadeli envolve o mesmo tema – lembrei.

Entendi, Ameli, Anadeli, que Deus nos concede oportunidades maravilhosas de amadurecimento. Todos nós estaremos juntos um dia e numa harmônica convivência, baseada no amor puro, nas superações através do perdão verdadeiro. Não há outro caminho. Estamos todos mergulhados na única lei, na lei universal do amor.

– Você é mesmo especial Cecília, por isso todos a amam.

– E sou feliz por isso, e peço muito a Deus que me permita servir sempre aqui no espaço e na Terra, ao lado dos verdadeiros discípulos do Mestre.

# 23
## O retorno ao plano terrestre

CAMINHANDO SOB O pôr do sol que enchia de raios luminosos o horizonte, Magali e Ameli mantêm amistosa conversa. No fundo, um grande preparo para ambas para os próximos anos. Magali já iniciaria o seu preparo para o retorno ao lar de Toni e Mary.

– Magali, agradeço a Deus por tantas bênçãos. Não esqueça nunca de que eu te amo muito e sempre te amarei. Voltadas ao bem, nós podemos muito. Mas juntas, com a força que sabemos que carregamos, nós vamos poder muito mais, irmã.

– Preciso lhe fazer uma pergunta, Ameli: Você gostaria de estar no meu lugar, enfim, renascer no lar do Toni para estar mais perto dele?

– Não, Magali. De forma nenhuma. Quero muito que você se aproprie desta oportunidade que se abre à sua frente. Meu coração está leve e estou imensamente feliz por você, por vós. Não demora, também sigo com programação para o retorno ao plano terrestre. E quem sabe não nos encontramos.

– E quanto ao Toni, eu...

– Magali, os verdadeiros laços de afinidade estão acima da condição temporária de papéis que desempenhamos em uma encarnação, como mães, filhas, esposas. Fosse isso, eu não estaria tão feliz, ao ver que Toni e Mary caminham juntos e bem, aproveitando ao máximo a reencarnação, porque o verdadeiro amor é sempre liberto – concluiu Ameli.

– Eu estou muito feliz! – manifesta Magali.

– Sim, escreveremos uma história bem diferente, minha irmã.

– De união, de respeito, de amor incondicional.

– Seremos finalmente felizes!

Chegou o dia da encarnação de Magali. No plano espiritual, tudo preparado para que todo o grupo vencesse os novos desafios, na oportunidade de convívio familiar que se aproximava.

Já com as energias renovadas, Magali sabia que, como filha de Toni e Mary, poderia enfrentar dificuldades de relacionamento no âmbito familiar, mas nada que não pudesse superar, já mais preparada e consciente do que representava a nova oportunidade da reencarnação, com todas as condições e ajuda espiritual necessárias para progredir. Sabia que ali se fazia presente a ação da lei divina, impulsionando-a à renovação. Através da reencarnação, avaliaria os aprendizados adquiridos e sairia mais fortalecida e capaz de realizar tarefas mais arrojadas.

Recebeu todas as orientações dos mentores espirituais, responsáveis por sua nova encarnação.

– Tenha calma e prudência, não perca a bendita ocasião de tolerar os percalços e possíveis revezes dos sentimentos, a fim de reparar o passado e atender às necessidades do presente. O momento é de gratidão a Deus e de vibrações de harmonia para com todos os envolvidos nesse processo de ajuste. Mantenhamo-nos em prece para que sejam despertados nossos melhores sentimentos de confiança e fé no futuro – recomendava-lhe amorosamente seu mentor espiritual.

Ao lado do futuro pai, Magali receberia todo o carinho. Toni, por sua vez, aceitara a responsabilidade de educá-la e auxiliá-la em seu crescimento, intelectual e moral, o que não seria possível sem a misericórdia da lei divina, com a bênção do esquecimento do passado.

Em momento de prece, Magali se entrega confiante, despedindo-se dos entes queridos que torciam por ela na espiritualidade maior. Diferente da Magali do passado, compreendia agora a maravilha do processo por que passava. Uma vez reencarnada, saberia melhor que, no palco da vida, não existem algozes e vítimas, mas espíritos que se comprometem, se entrelaçam e que, pela lei do amor, caminham juntos rumo ao crescimento, amando, servindo, perdoando e libertando-se. Ameli ainda demoraria para reencarnar. Sua tarefa agora era ajudar, da Espiritualidade, Magali a superar seus desafios para que todos pudessem aproveitar a nova oportunidade de ser felizes. Afinal, tudo sempre se renova em nome do amor.

## FIM

# Mensagem de Maria Cecília para os encarnados

AME SEM MEDO. O amor verdadeiro faz o homem se sentir forte e amparado.

Não jogue fora o que Deus lhe deu. Aproveite sempre da melhor forma.

Não permita que forças negativas tirem a paz de seu coração.

Qualquer sofrimento que venha a passar, saiba que é para seu aperfeiçoamento. Não se revolte, ore e confie. Com certeza será auxiliado.

Lembre-se de que ninguém está na Terra em férias. É preciso entender o significado da vida e saber valorizar esta dádiva de divina.

Somos aprendizes e recebemos lições em todos os momentos.

Não deixe passar despercebido tudo o que a vida lhe oferece e não se esqueça de perdoar aqueles que lhes querem mal.

Aprendi que não podemos guardar ressentimentos e

mágoas, que nos retém na caminhada da evolução. Só no auxílio aos irmãos sofredores é que pude, por fim, entender e perdoar os meus pais, arrancando do meu coração todos os sentimentos ruins. Porque, no coração que ama verdadeiramente não há lugar para o ódio.

Hoje me sinto feliz no cumprimento das minhas tarefas.

Peço-lhe que não deixe o tempo passar sem que faça sua parte, o que a Grande Lei divina espera de você. Acredite, você tem muita força e não pode deixá-la oculta. Deve usá-la para sempre ajudar o próximo, fazer algo de bom em prol do seu semelhante.

Agradeço a Deus, pelas oportunidades que tive de reparar meus erros, pelos amigos que encontrei na Terra e no espaço, que tanto me ajudaram, mostrando-me o caminho da evolução.

Hoje muitas pessoas que foram resgatadas já estão de volta na Terra com novas oportunidades de aprendizado. E eu, continuarei servindo, ajudando os menos favorecidos que esperam uma palavra ou um auxílio. Espero poder aliviar suas dores, dando-lhes proteção.

Agradeço também essa querida amiga que me serviu de instrumento para que eu pudesse passar a vocês esta história.

Aos irmãos que fazem parte da minha equipe de trabalho no Hospital Maria de Nazaré e a equipe da Terra, minha eterna gratidão.

Richard e eu finalmente nos reencontramos e consolidamos o nosso amor através do trabalho, com os mesmos ideais de servir e amar.

Confie sempre nos amigos ocultos que estão ao seu

lado, todos nós queremos seu bem e estaremos sempre em seu caminho, dando proteção.

Direi até breve, pois voltarei com outras histórias, se Deus assim o permitir, auxiliando a todos no grande voo rumo à verdadeira liberdade.

Muita paz a todos.

Querida Circy, meu grande amor.

Não sei se conseguirei expressar todos meus sentimentos nestas palavras, mas foi a única maneira que encontrei de lhe falar do que trago em meu coração.

Fomos para o campo de batalha, lutei com toda a força de minha alma para continuar vivo e voltar para seus braços. Pelo menos eu pensava que seria assim.

Deus permitiu que eu retornasse com vida. Eu estava ansioso para tê-la junto de mim. Muitas vezes seu pai falava comigo e eu não ouvia, pois meu pensamento estava em você.

Contava os dias, as horas e os minutos para reencontrá-la.

Esta edição foi impressa nas gráficas da Assahi Gráfica e Editora, de São Bernardo do Campo, SP, sendo tiradas três mil cópias, todas em formato fechado 140x210mm e com mancha de 93x163mm. Os papéis utilizados foram o ofsete Chambril Book (International Paper) 75g/m$^2$ para o miolo e o cartão Supremo Alta Alvura (Suzano) 250g/m$^2$ para a capa. O texto foi composto em Goudy Old Style 12/15 e o título em Pristina 25/30. Eliana Haddad e Izabel Vitusso realizaram a preparação do texto. André Stenico elaborou a programação visual da capa e o projeto gráfico do miolo.

MARÇO DE 2016